寻访被人遗忘的历史

主编◎王子安

汕头大学出版社

图书在版编目（ＣＩＰ）数据

寻访被人遗忘的历史 / 王子安主编. -- 汕头 ： 汕
头大学出版社，2012.4（2024.1重印）
　　ISBN 978-7-5658-0674-2

　　Ⅰ. ①寻… Ⅱ. ①王… Ⅲ. ①世界史－青年读物②世
界史－少年读物 Ⅳ. ①K109

　　中国版本图书馆CIP数据核字(2012)第057938号

寻访被人遗忘的历史　　　　XUNFANG BEIREN YIWANG DE LISHI

主　　编：王子安
责任编辑：胡开祥
责任技编：黄东生
封面设计：君阅书装
出版发行：汕头大学出版社
　　　　　广东省汕头市汕头大学内　邮编：515063
电　　话：0754-82904613
印　　刷：唐山楠萍印务有限公司
开　　本：710mm×1000mm　1/16
印　　张：12
字　　数：70千字
版　　次：2012年4月第1版
印　　次：2024年1月第2次印刷
定　　价：55.00元
ISBN 978-7-5658-0674-2

前　言

　　青少年是我们国家未来的栋梁，是实现中华民族伟大复兴的主力军。一直以来，党和国家的领导人对青少年的健康成长教育都非常关心。对于青少年来说，他们正处于博学求知的黄金时期。除了认真学习课本上的知识外，他们还应该广泛吸收课外的知识。青少年所具备的科学素质和他们对待科学的态度，对国家的未来将会产生深远的影响。因此，对青少年开展必要的科学普及教育是极为必要的。这不仅可以丰富他们的学习生活、增加他们的想象力和逆向思维能力，而且可以开阔他们的眼界、提高他们的知识面和创新精神。

　　随着时代的发展与科学的进步，许多以往的传奇成了人们追逐探索与研究的目标。而充满趣味性的谜底，不仅吸引着、满足着人类的好奇心，而且随着谜底的不断深入研究，也不断地发展、更新着人类的智慧与想象力。谜，给予了人类想象的空间，历经世代的继承与发展，最终不仅依靠丰富多彩的想象力创造了文学艺术，而且也催生了人类的科学事业。《寻访被人遗忘的历史》一书将带领大家走进神秘的玛雅文明、亚特兰蒂斯文明、史前欧洲村落、中国汉字起源、人类起源之谜、世界七大谜团、消失的大陆等尘封的历史。

本书属于"科普·教育"类读物，文字语言通俗易懂，给予读者一般性的、基础性的科学知识，其读者对象是具有一定文化知识程度与教育水平的青少年。书中采用了文学性、趣味性、科普性、艺术性、文化性相结合的语言文字与内容编排，是文化性与科学性、自然性与人文性相融合的科普读物。

此外，本书为了迎合广大青少年读者的阅读兴趣，还配有相应的图文解说与介绍，再加上简约、独具一格的版式设计，以及多元素色彩的内容编排，使本书的内容更加生动化、更有吸引力，使本来生趣盎然的知识内容变得更加新鲜亮丽，从而提高了读者在阅读时的感官效果。

尽管本书在编写过程中力求精益求精，但是由于编者水平与时间的有限、仓促，使得本书难免会存在一些不足之处，敬请广大青少年读者予以见谅，并给予批评。希望本书能够成为广大青少年读者成长的良师益友，并使青少年读者的思想能够得到一定程度上的升华。

2012年3月

目　录

Contents

第一章　神秘古文明

第二章　千古谜团

第三章　世界文化探究

第四章　尘封的政治谜案

神秘古文明

　　文明是人类在认识世界和改造世界的过程中所逐步形成的思想观念以及不断进化的人类本性的具体体现。现在一般认为，最早的文明起源于公元前3500年左右的美索不达米亚地区。人类依靠自身的聪明才智谱写了众多古文明的神圣史话，为后人留下了丰厚的文化遗产。但是，在这些古文明中或多或少都包含着一些令人迷惑不解的东西，人类在神话与臆测中迷惘了千百年，至今仍未找到答案。于是，我们带着疑问，来回溯远古时期的现代文明、神秘的玛雅文明、亚特兰蒂斯文明、夜郎古国的失踪、古巴比伦文明、史前欧洲村落、中国汉字起源、示巴古国文明、迈锡尼文明、纳斯卡文明、三星堆文明以及奥梅克文明等。在这一章里，我们将为您展现古文明的灿烂与光辉。

神秘的玛雅文明

　　玛雅文明约形成于公元前2500年，是中美洲印第安玛雅人在与亚、非、欧古代文明隔绝的条件下独立创造的伟大文明，堪称人类文明史上的伟大奇迹。在科学、农业、文化、艺术等诸多方面，玛雅文明都作出了相当重要的贡献。它是世界历史上唯一一个诞生于热带丛林而不是大河流域的古代文明，而且它奇迹般地崛起和发展让世人们百思不得其解，其发展和泯灭都充满了神秘色彩。

◆ 玛雅文明的发展

印第安玛雅人

　　玛雅文明以印第安玛雅人而得名，是中美洲古代印第安人文明，是美洲古代印第安文明的杰出代表，它为世界文明的发展做出了巨大贡献。玛雅文明主要分布在墨西哥南部、危地马拉、伯利兹以及洪都拉斯和萨尔瓦多西部地区。玛雅文明约公元前2500年形成，公元前

400年左右建立早期奴隶制国家，公元3—9世纪为繁盛期，15世纪衰落，最后为西班牙殖民者摧毁，此后长期湮没在热带丛林中。

玛雅文明开始引起学术界的关注是在18世纪末，但直到到19世纪末发掘出一批重要遗址后，学术界才开始了玛雅文明的现代考古学研究。20世纪50年代后，玛雅文明的研究进展较快，形成了专门的玛雅学，成为历史学及考古学研究的重要领域。学者间关于玛雅文明的发展阶段各执己见。据美国考古学家N.哈蒙德的划分，玛雅文明可分为前古典期、古典期和后古典期3个阶段。

前古典期（约公元前2500—公元250年）是玛雅文明的形成期。这个时期在尤卡坦半岛中央佩滕盆地及其周围山谷已出现定居的农业生活，玉米和豆类是主要的作物；由土台、祭坛等组成的早期祭祀中心也已建立。此后逐渐出现国家萌芽，并出现了象形文字。

古典期（约公元250—900年）是玛雅文化的发展盛期。这个时期各地较大规模的城市和居民点已形成自立的城邦小国，但尚未形成统一国家。邦国之间使用共同的象形文字和历法，城市规划、建筑风格、生产水平也大体一致。这个时期的主要遗址大多分布在中部热带雨林区，蒂卡尔、瓦哈克通、彼德拉斯内格拉斯、帕伦克、科潘、基里瓜等祭祀中心已形成规模宏大的建筑群。蒂

卡尔遗址由数以百计的大小金字塔式台庙组成，气象宏伟，城区面积达50平方公里，估计居民有4万左右。这时期还出现了大量刻

纪年碑铭的石柱，一般每隔5年、10年或20年建立一座，成为了独特的记时柱。公元800—900年左右，这些祭祀中心突然废弃，玛雅文明急剧衰落。11世纪以后，玛雅文明中心开始逐渐移向北部的石灰岩低地平原。

后古典期（约1000—1520年）的文化有浓厚的墨西哥风格。从墨西哥南下的托尔特克人征服了尤卡坦，以奇琴伊察为都城。这一时期的建筑中出现了石廊柱群及以活人为祭品的"圣井"、球场，还有观察天象的天文台和目前保存最完整的高大的金字塔式台庙。这时期的人崇拜

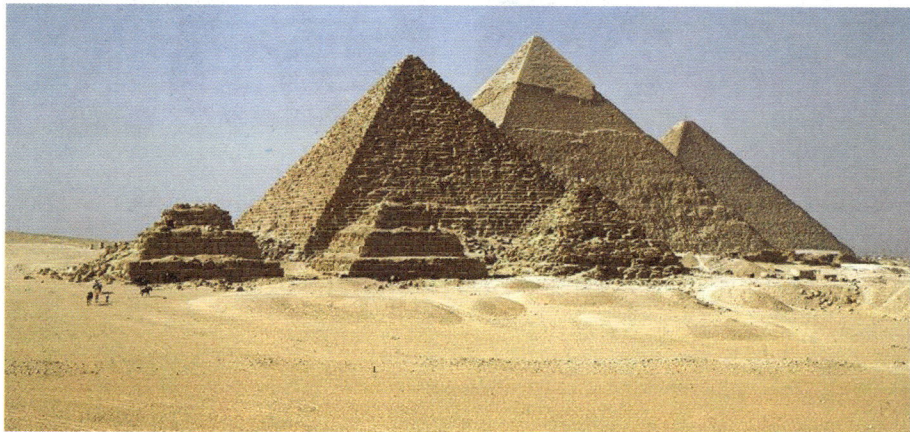

金字塔

羽蛇神魁扎尔科亚特尔。后来北部的玛雅潘取代奇琴伊察成为后古典期文化的中心。这一时期世俗文化兴起，并带来好战之风。玛雅潘的统治者与其他城邦结成联盟，用武力建立起自己的统治。1450年，大概由于内部叛乱，玛雅潘被焚毁，此后百年中玛雅文化趋于衰落。1523—1524年，西班牙殖民者乘虚而入，从墨西哥南下，占领了尤卡坦半岛，玛雅文明被彻底破坏。

入侵、人口爆炸、疾病和气候变化等，为玛雅文明增添了一层神秘色彩。为解开这个千古之谜，20世纪80年代末，一支由45名学者组成的包括考古学家、动物学家和营养学家在内的多学科考察队，踏遍了

◆ 玛雅文明的泯灭

关于玛雅文明的泯灭原因，考古学界给出了许多假设，如外族

坟墓

即使是盗墓贼也不敢轻易涉足的常有美洲虎和响尾蛇出没的危地马拉佩藤雨林地区。这支科考察队用了6年时间，考察了约200多处玛雅文明遗址，得出了玛雅文明是因争夺

财富及权势的血腥内战、自相残杀而毁灭的结论。

玛雅人并非是一个热爱和平的民族，相反，在公元300—700年这个全盛期，玛雅的贵族们一直在进行着争权夺利的战争。他们的战争好像是一场恐怖的体育比赛：战卒们用矛和棒作兵器，袭击其他城市，其目的是抓俘虏，并把他们交给己方祭司，作为向神献祭的礼品，这种祭祀正是玛雅社会崇拜神灵的标志。

有学者认为玛雅社会曾相当繁荣。农民种植田地，生产的粮食能供养激增的人口；工匠以燧、石、骨角、贝壳制作艺术品、雕刻石碑铭文、绘制陶器和壁画；商品交易盛行。但从公元7世纪中期开始，玛雅社会衰落了。原因是由于政治联姻情况的

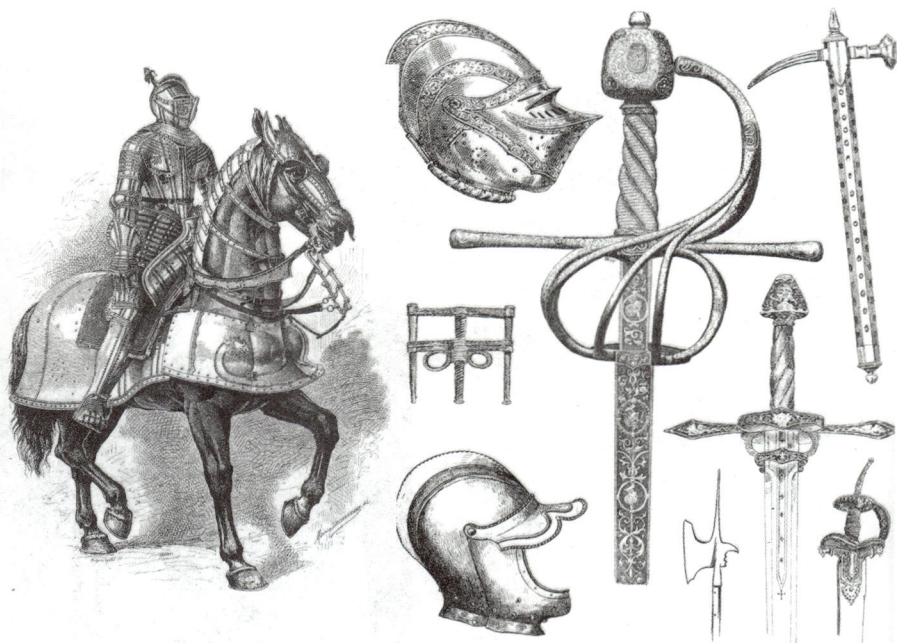

雕刻石碑铭文

增多，除长子外的其他王室兄弟受到排挤。厌烦争权夺势的王子离开家园去寻找新的城市，其余的人则留下来争夺继承权。这种"窝里斗"由原来为祭祀而战变成了为争夺继承权、珠宝、奢侈品、美女而战。最后，生灵涂炭、城乡毁灭、贸易中断。

公元761年，杜斯·彼拉斯城的王宫覆灭可视为玛雅社会衰落的一个起点。杜斯·彼拉斯是玛雅社会的中心城邦。它遭到了从邻近托玛瑞弟托城来的敌人的攻击，一个装有13个8岁至55岁男人头颅的洞证明该城被攻占时遭到了斩草除根的大屠杀。8天后，胜利者举行了"终结典礼"——砸烂了王座、神庙和刻板。玛雅的一些贵族逃到附近的阿瓜迪卡城——这是一个巨大裂缝环绕的天然要塞。他们在那里苟延残喘40年，最后还被敌人消灭。公元800年，阿瓜迪卡已是一座鬼城。公元820年以后，玛雅人舍弃了这片千年间建立了无数城市的雨林，再也没有返回这片文明的发源地。玛雅文明的毁灭已成为历史，但它提供的警示，值得人类永远记取。

鬼城

亚特兰蒂斯文明

在人类的文明史上，相传有一块传奇之地，叫做亚特兰蒂斯。这是一块神秘的地方，它不仅拥有巨额的财富，还有极其发达的超级文明，至今令人难以想象。然而，就是这样的一个地方，却突然之间消

亚特兰蒂斯

失了。成为了一个千古之谜。数千年来，人们为了找寻它，一直在苦苦地探索着，并争论不休。

美国科学家经过一番深入考察和研究，把亚特兰蒂斯曾经存在的位置锁定在了地中海。公元前9000年左右，地中海盆地洪水泛滥，海面上升淹没了一块长方形的陆地，这块陆地就是传说中的亚特兰蒂斯，或称大西洲。它位于今天的地中海岛国塞浦路斯和中东叙利亚之间的茫茫大海之下。这片海域的海底深达1600米左右，探险队利用

声纳等高科技装置探测到海底有一个山丘，山丘顶端有围墙的城楼，四周还有很深的类似战争防

御工事的壕沟，证明上面存在着人工建筑的遗迹。

亚特兰蒂斯是一个拥有高度发达文明的神秘国度。这里有宫殿和供奉守护神波赛冬（希腊神话中的海神）的壮丽神殿，所

有的建筑物都是用当地开凿的白、黑、红色的石头建造，美丽绝伦。首都波赛多尼亚的四周，建有双层环状陆地和三层环状运河。在两处环状陆地上，还有冷泉和温泉。除此之外，大陆上还建有造船厂、赛马场、兵营、体

育馆和公园等。亚特兰蒂斯神秘
的超级文明和其巨额的财富一直
吸引着世人的关注。在传说中，
亚特兰蒂斯出产无数黄金与白
银，所有宫殿都由黄金墙根及白
银墙壁的围墙所围绕。宫内墙壁
也镶满黄金，金碧辉煌。那里的
文明程度令人难以想象，有设备
完善的港埠及船只，还有"能够
载人飞翔的物体"！

公元前360年左右古希腊哲
学家柏拉图首次在文字上对亚特
兰蒂斯作出描述。据他记述，这
是公元前11500年前后发展起来
的一个拥有高度文明的岛国。柏
拉图名著《对话录》记载："亚
特兰蒂斯位于岛的中心，是大陆
的首都。主岛被三条宽阔的运河
环绕，这些环形的运河和陆地把
全岛划分为五个同心圆形的区
域，另一条运河从中心贯穿各
区，直通海岸。"后来，海平面
不断上升，这一神秘大陆最终被
淹没。正如柏拉图所述："伴随

着猛烈的地震和洪水，昼夜之间，亚特兰蒂斯就此沉入海中了。"马斯特表示，他就是根据柏拉图《对话录》的线索找到塞浦路斯附近的。柏拉图曾在书中提示，亚特兰蒂斯的位置在赫拉克利斯之柱（希腊神话中天神宙斯的儿子，是大力神）对面，即今天的西班牙和北非之间的直布罗陀海峡的对面。数百年来，柏拉图有关亚特兰蒂斯的描述引起了无数人的关注。

不过，在15世纪前，人们还停留在争辩亚特兰蒂斯是否真的存在这个问题上。直到15世纪哥伦布发现新大陆后，亚特兰蒂斯的位置又一次成为世人关注的焦点。探险家

地震画面

和科学家为了寻找它的确切地点考证了大量的文献、遗迹、神话，最后得出的答案也众说纷纭。第一个值得注意的猜测地点是地中海上的圣多里尼岛。在大约公元前1950年至前1470年，岛上的克里特人曾创造了辉煌的迈诺斯文明。但是，公元前1470年的一次火山大爆发毁灭了迈诺斯文明。而当时，迈诺斯是地中海最强盛的国家。

以上种种看来都与柏拉图描写的亚特兰蒂斯极为相似，但最大的冲突是迈诺斯文明的毁灭时间并不是柏拉图所说的9000年前。此外，柏拉图称亚特兰蒂斯在"赫拉克利斯之柱以外"（即大西洋中），而非地中海。于是，又有了亚特兰蒂斯在大西洋西部巴哈马群岛的说法。1968年，人们在秘鲁海岸水下约2000米的地方发现了人工雕刻的石柱和巨大的建筑，而且打捞出的化石证明其年代确在10000年前。人们不禁猜测纷纷。然而不可思议的是，据柏拉图描述，亚特兰蒂斯在其强盛之际曾进攻雅典，难道9000年前的亚特兰蒂斯就能组织强大的舰队不远万里攻打希腊？至于亚速尔群岛就是亚特兰蒂斯，西班牙、法国即古亚特兰蒂斯等说法，似乎更像无稽之谈。

古巴比伦文明

　　古巴比伦文明位于今天的伊拉克一带，是两河流域文明的重要组成部分，两河流域文明还包括苏美尔文明、阿卡德文明、亚述等。其中巴比伦人的成就最大，因此，两河文明又被称为巴比伦文明。人类最早的奴隶制国家大约于公元前3500年产生于两河流域，古巴比伦是人们已知的历史最悠久的古代东方国家之一。据历史学家推断，约在公元前4000年，居住在这一带的苏美尔人已有较为发达的文化，不仅发明了文字，而且发明了用于书写文字的《泥板书》。公元前3500年以后，苏美尔人在两河流域南部建立起很多奴隶制小国。苏美尔衰落后，古巴比伦城邦兴起。古巴比伦人很重视城市的建筑，古巴比伦人在公元前3000年就开始建筑塔庙。塔庙是一层层高台堆叠而成的，高台周围有斜桥与阶梯。另外，古巴比伦的"空中花园"也是世界著名七大奇观之一。

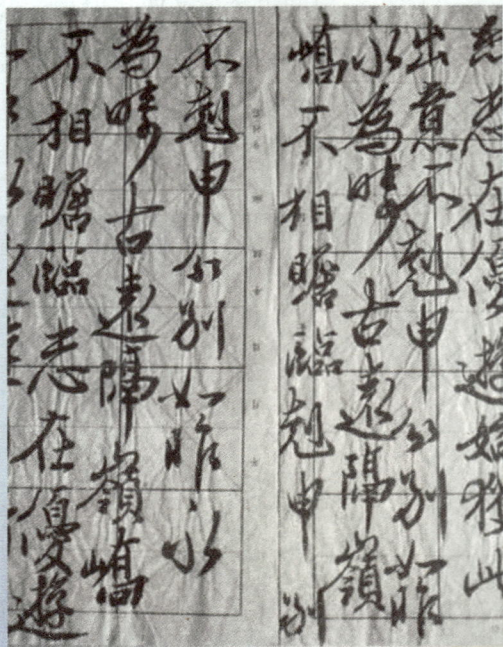

　　关于古巴比伦的"空中花园"

还有一个美丽动人的传说。新巴比伦国王尼布甲尼撒二世娶了米底王国的公主安美依迪丝为王后。公主美丽可人，深得国王的宠爱。可是时间一长，公主愁容渐生。尼布甲尼撒不知何故。公主说："我的家乡山峦叠翠，花草丛生，而这里是一望无际的巴比伦平原，连个小山丘都找不到。我多么渴望能再见到我们家乡的山岭和盘山小道啊！"。于是，尼布甲尼撒二世令工匠按照米底山区的景色，在他的宫殿里，建造了层层叠叠的阶梯型花园，上面栽满了奇花异草，并在园中开辟了幽静的山间小道，小道旁是潺潺流水。工匠们还在花园中央修建了一座城楼，矗立在空中。巧夺开工的园林景色终于博得公主的欢心。由于花园比宫墙还要高，给人感觉像是整个御花园悬挂在空中，因此被称为"空中花园"，又叫"悬苑"。当年到巴比伦城朝拜、经商或旅游的人们老远就可以看到空中城楼上的金色屋顶在阳光下熠熠生辉。所以，到公元2世纪，希腊学者在品评世界各地著名建筑和雕塑品时，把"空中花园"列为"世界七大奇观"之一。从此以后，"空中花园"更是闻名遐迩。令人遗憾的是，"空中花园"和巴比伦文明其他的著名建筑一样，早已湮没在滚滚黄沙之中。现在要想了解"空中花园"，就只能通过后世的历史记载和近代的考古发掘了。

不过也有些记载虽然提到了"空中花园"，但认为传说中的"空中花园"并不是由尼布甲尼撒二世建造的，而是一位叙利亚国王

为取悦他的一个爱妃而特意修筑的。有些记载甚至认为传说中的"空中花园"实际上指的是亚述国王辛那赫里布在其都城尼尼微修筑的皇家园林。

19世纪末，德国考古学家发掘出巴比伦城的遗址。他们在发掘南宫苑时，在其东北角挖掘出一个不寻常的、半地下的、近似长方形的建筑物，面积约1260平方米。这个建筑物由两排小屋组成，每个小屋平均只有6.6平方米。两排小屋由一走廊分开，对称布局，周围被高而宽厚的围墙所环绕。考古学家在西边那排的一间小屋中还发现了一口开了三个水槽的水井，一个是正方形的，两个是椭圆形的。根据考古学家的分析，这些小屋可能是原来的水房，那些水槽则是用来安装压水机的。

因此，考古学家认为这个地方很可能就是传说中的"空中花园"的遗址。当年巴比伦人用土

空中花园

铺垫在这些小屋坚固的拱顶上，层层加高，栽种花木。至于灌溉用水则是依靠地下小屋中的压水机源源不断供应的。考古学家经过考证证明，那时的压水机使用的原理和我们现在使用的链泵基本一致。它把几个水桶系在一个链带上与放在墙上的一个轮子相连，轮子转动一周，水桶就跟着转动，完成提水和

水桶

进一步研究。总之，传说中的"空中花园"的真实面目如今依旧是个谜。

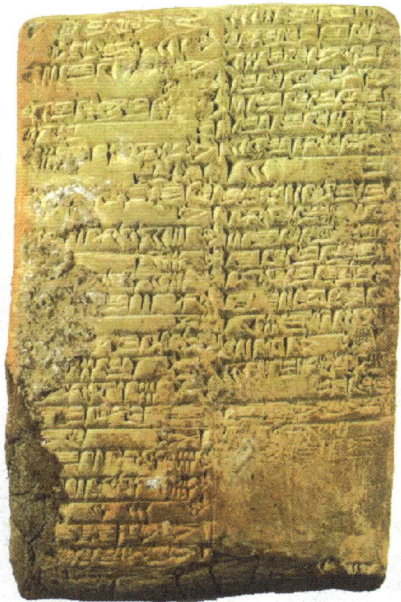

倒水的整个过程，水再通过水槽流到花园中进行灌溉。这种压水机现在仍在两河流域广泛使用。而且，考古学家也的确在遗址里发现了大量种植花木的痕迹。然而，到目前为止，在所发现的巴比伦楔形文字的泥版文书中，还没有找到关于"空中花园"确切的文献记载。因此，考古学家的解释是否正确仍需

楔形文字

示巴古国文明

示巴王国位于濒临红海的阿拉伯半岛西面，在现今阿拉伯也门共和国境内。它是公元前10世纪兴盛一时的文明古国之一，在古代东方的发展史上曾起过积极影响。据记载，公元前10世纪中叶，以色列王国在国王所罗门的治理下，国泰民安，兴盛至极。异国君主示巴女王因仰慕所罗门的智慧和声名，便在庞大雇从队陪同下带着香料、宝石和黄金，浩浩荡荡地抵达耶路撒冷，拜见以色列国王，向所罗门表示敬意，并献上厚礼。示巴女王故意提出一些难题让所罗门回答，所罗门都机智地作了解答，更使女王羡慕不已。

在非基督教信仰的世界里，示巴女王的形象基本上是被丑化了的。他们把示巴女王描绘成有着毛茸茸双脚的恶魔形象，并把她比喻为古代亚述和巴比伦神话中诱人堕

落的淫妇。不过，在许多国家较为流行的民间传说中，示巴女王还是更多地被描绘成了天生丽质、聪颖不凡的动人形象。示巴女王的神秘色彩，引起了历代史学家、文学家、行吟诗人和民间艺人的极大兴趣，由此而生的种种臆想、传说更显得浪漫离奇甚至荒诞不经。

在埃塞俄比亚流传着这样一种传说：传说所罗门对示巴女王一见钟情，无奈女王却对他无意。后来所罗门设计引诱，逼迫女王与其成婚，示巴女王还在婚后生下了一个名叫曼尼里克的儿子。后来这个儿子随示巴女王离开了所罗门，长大后，曼尼里克到耶路撒冷拜谒他

的父亲，所罗门于是把他封为埃塞

俄比亚的第一代皇帝。

这些传说看起来似乎并非空穴来风，那么示巴王国和示巴女王是否真的存在呢？经过考察，人们

已初步断定《圣经》中提到的示巴王国位于濒临红海的阿拉伯半岛西面，也就是在现今的阿拉伯也门共和国境内。公元前10世纪，示巴王国兴盛一时，在古代东方的发展史上起过非常积极的影响。示巴王国的海上交通非常发达，它紧靠当时的通商要道红海，这一地理优势使得它和与红海相接的以色列、埃及、埃塞俄比亚、苏丹等国家结成了密切的贸易关系。在产品交换过程中，示巴王国一直处于十分优越和有利的地位。

示巴王国还有另一个非常有利的地理优势，它可以利用红海的季风与远东和以色列等国进行商业交往。据说，在很早的时候，示巴商人就已经会利用红海的季风之便远洋航行了。每年2～8月海风吹向远东时，他们便加大对远东地区的贸易运输量。等到8月以后海风回吹时，他们又溯红海而上与以色列和埃及交往。长期以来，他们保守着这个季风的秘密，直至公元1世纪时才被希腊人发现。示巴的陆路贸易也很发达，阿拉伯半岛和西伯来的广阔地带上都曾经活跃过示巴王国的骆驼商队。示巴王国的首都是马里卜，这座城市位于阿拉伯也门

共和国的东部，现在这个城市依然沿用着古代名称。公元前1世纪，希腊史学家奥多载斯曾经形容过马里卜，说它是一个用宝石、象牙和黄金做艺术品装点起来的城市。马里卜过去的华美、繁荣从中也可窥见一斑了。

从传说中我们还得知，马里卜建有一个规模巨大的蓄水坝。水坝都用大石块铺砌，石块之间密接无缝，这些是示巴人民以高超的建筑和工艺水平建成的。据说，这座水坝对马里卜和周围广大地区人民的生活和生产，起到了防范洪水冲击和提供灌溉系统的巨大作用。这座水坝维持供水达12个世纪之久。公元543年，因年久失修而塌陷。水坝遗址的发现，使古老的历史传说因之有了丰富的生命力。人们还在马

里卜郊外沙丘上发现了一处设计奇巧的建筑废墟，考古学家们证实它是公元前4世纪所建的"月神

庙"，当地人把它称为"比基尔斯后宫"，而"比基尔斯"正是他们对示巴女王的称呼。今天人们在埃塞俄比亚也发现了那里有着同也门境内相似的月神建筑遗址，这说明了示巴文化对邻近各国曾有着广泛和重要的影响。

当然，到今天为止，人们仍然只能从传说的点点滴滴中去寻找示巴王国和示巴女王的影子。至于示巴王国是怎么从地球上神秘消失的，至今仍然是一个无法解开的谜团。

迈锡尼文明

迈锡尼文明是希腊青铜时代晚期的文明。从公元前16世纪上半叶起就出现了迈锡尼文明，它的繁荣始于公元前17世纪。自从迈锡尼的文字被识读后，他们属于希腊人这一点已没有疑问，而迈锡尼文明和米诺斯文明曾经相互影响也是不争的事实。人们还相信迈锡尼的繁荣来自与其他国家的广泛而平等的贸易，所以为这一文明作出了贡献的应该不只是一个民族的人们。公元前13世纪，迈锡尼的自负国君倾尽全力去攻打特洛伊，花费了10年时间，耗尽了人力和财力，虽然最终攻克了特洛伊城，整个国家却也已经元气大伤。迈锡尼文明从此一蹶不振。几百年之后，它自己的城池也被攻破，迈锡尼就永久地消失于人类的视线中了。

被挖掘出的迈锡尼城堡高耸在山顶，平面呈三角形铺展开去，守护在城堡门口的是一对已经无头但仍然威武的石刻雄狮。两只狮子顶着的是一条柱子的石板雕，被认为是皇族权势的象征。因此，迈锡尼城堡的大门又得一美名——"狮子门"。狮子门往里，就是一处单独围着石墙的皇家墓井。墓井里发现的尸体多为黄金所包裹，有一具男尸脸上还戴着精致的黄金面具，

妇女头上也装饰了各种黄金首饰，连墓内的小孩儿也是被黄金片所覆盖。由此可见迈锡尼享有"黄金之城"的美誉确实当之无愧。除了墓地，城堡里还有皇家宫殿、楼阁、冠冕厅及起居室。城堡的东面还有

大量商人的住处，在那里发现了不少陶器。人们由此推断迈锡尼古城里居住的全是皇族、政要和商人，是他们享用着迈锡尼文明的富裕果实。但是，迈锡尼本身并不出产黄金，那么多的黄金都是从哪里来的呢？迈锡尼高踞高山之上，也算是固若金汤，可为何在历史上却多次被攻破呢？更让人不明白的是，迈锡尼文明已经创造了自己的文字，并且用这种文字来书写进行贸易时的货物清单，但他们却不在墓碑上刻下死者的名字和业绩，这有别于同时代及后世民族的树立丰碑的习惯，又是为什么呢？看来，迈锡尼文明还有许多未解之谜等待后人继续探索。

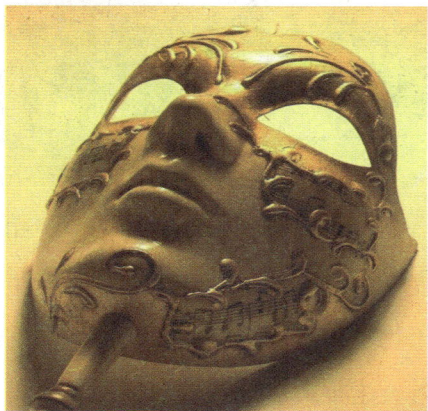

纳斯卡文明

许多人说起西方世界古代文明七大奇迹时，都会兴趣盎然：埃及的金字塔、巴比伦的空中花园、以弗所的阿耳弥忒斯神殿、奥林匹亚的宙斯神像、哈利卡纳苏的摩索拉斯陵墓、地中海罗德岛上的太阳神巨像、亚历山大城的灯塔，每个人都恍若有一种重游昔日辉煌的感觉。同时，心间疑问也油然而生：在那么久远的年代，人类是如何凭借着自身的聪明才智创造出令后人叹为观止的文化遗迹的呢？

众所周知，埃及、巴比伦、印度和中国这四大文明古国都诞生于物阜民丰的地区，可是在地球的另一个神奇的地方也同样存在着可

种"无论魏晋，乃不知有汉"的恬淡生活。这座小镇的东面，是绵延巍峨的安第斯山脉。在它们之间，横亘着一片广袤的荒原，面积约有250平方公里，当地人称之为纳斯卡荒原。自古以来，在这片不毛之地上，覆盖着一层厚厚的赭色沙石，因此，这里寸草不生，鸟兽难栖，人迹罕至，被称为"鬼地"。

纳斯卡文明以纵横秘鲁沙漠的"纳斯卡线条"而闻名，但关于神秘的纳斯卡文明如何消失，以及纳斯卡线条如何制造的问题，一直是萦绕在科学家心中的难解之谜。英国科学家研究显示，1500年前，由于纳斯卡人大肆砍伐森林开垦农

与七大奇迹相媲美的奇观。在秘鲁共和国西南沿海伊卡省的东南隅，有一座名叫纳斯卡的小镇。这座小镇稀稀疏疏地散居着近百户人家，他们祖祖辈辈以捕鱼为生，过着一

田，从而最终导致这支人类文明的消失。人们对纳斯卡文明的直观性认识都是源自可在高空中直接观测的纳斯卡线条，由于这些神秘线条图案所在的沙漠环境缺少树木，该地区的沙漠峡谷逐渐变得无法种植足够的农作物。人类考古学家在检测了秘鲁海岸南部残留的纳斯卡文明废墟后，发现了在6世纪时期发生的人为性"灾难事件"。

20世纪中叶，一支秘鲁国家考古队辗转来到纳斯卡荒原。在茫无涯际的荒原上，他们看见

的除了沙石还是沙石，毫无半点收获。一天，晚霞灿烂，落日的余晖给纳斯卡荒原罩上了一层神秘庄重的色彩。考古队中的一名队员出于职业习惯，无意地随手扒开眼前零零碎碎的乱石，他发现：石头底下隐藏着一条显然经过人工挖成的"沟槽"。经过仔

细察看，"沟槽"里竟填塞着无数像生锈的铁块一样的石子。这一偶然发现，使考古队顿时意识到这将是一次不虚此行的行动，从而激起了他们极大的兴趣和热情。他们立即紧张地投入到艰难而有序的发掘工作中去。经过大规模的深入发掘，考古队发现这些"沟槽"的深度一般为0.9米，而宽度却不一样，有的宽度只有15厘米，有的却达20米，尤其令考古队员感到不可思议的是："沟槽"的形状和走向十分奇特，有的舒展飘逸，有的短促顿挫，有的回环宛转，更有的似乎直通天际，真是鬼斧神工，难以捉摸。起初，考古学家把这些"沟槽"称为"一个不知为何建造的巨大而玄妙的工程"。

考古学家决定乘飞机对纳斯卡荒原进行空中摄影和观察。当他们从高空向下俯瞰时，映入眼帘的景象令他们瞠目结舌：荒原上的"沟槽"不是原先猜测中的灌溉渠道，也不是地表的裂沟，而是一幅幅绵亘无垠的图画。这些画的每一根线

条，都是把荒原表面的阳砾石挖开后形成的。其中一些"沟槽"所组成的线条，平直而有规则，构成大大小小的三角形、长方形、梯形、平行四边形和螺旋形之类的几何图案，好像是经过数学家精心的计算才开挖的，极具匠心。例如：有的三角形图案大至几公里，而图案设计的角度却很精确，误差仅仅在一分米之内；有的图案呈星状，线条向四面八方放射，透出天女散花

的韵味；有些纵横交错的线条好似

今天的机场跑道和标志线的图案，跑道的宽窄和长短不一，有的长达2500米，有的长500米左右，都很笔直，并且转角交叉处都棱角分明，严密紧扣。这些跑道在越过峡谷或横贯小丘时，方向也丝毫不变。有些跑道旁每隔约500米就有一处残存的类似哨所或瞭望台的废墟。更令人惊奇的是：荒原图案有许多是动物、植物以及人的形象。例如有一个人形，只有一头和两手，一手长了5个手指，另一手却只长了4个手指，画长约50

米，是一个典型的印第安人的轮廓。动、植物图案的大小不一，大多在15～300米之间，最大的占地5公里。从拍摄的照片上看，这些形象惟妙惟肖，非常逼真，可称得上是一位画家的杰作。有些恰似蜥蜴、蜂鸟、鸭子、鲸；有些又宛若长爪狗、蜘蛛、鹦鹉、苍鹰；还有些极像海草、仙人掌、花朵。其中有一只猴子的形象比一个足球场还大，它的一个巴掌就有12米宽，整体看起来活灵活现，风趣盎然。另有一只大鹏的翼长约50米，鸟身长达300米，远远望去，恰似扶

摇直上于飓风中，轻盈飞舞；又如海中的巨大漩涡，飞流而上，缓缓

升腾。还有一幅章鱼的图案，腹下插着一把锋利的长刀，看着它甚至可以想象出章鱼悲痛欲绝的情状……荒原图案的大部分图形是单线勾勒的，线条从不交叉，人们可以把任何一处作为起点，沿着线走去，决不会碰上重叠的路径。这些栩栩如生的图像，极为精确地每隔一定距离就重复出现，巨大的动物图案都是一再出现的全等图形，同类图案都一模一样，丝毫不差，俨然是用同一模具制造出来的同一图案。由于图案的面积太大，线条又简洁，因此人们在地面上很难一时看出是些什么东西，只有从空中向下俯瞰或者航空摄影，才能清晰地分辨出它们是镶刻在荒原上的一幅幅巨画，使人心驰神往，美不胜言。纳斯卡荒原的地画是在黑褐色的地表石头上向下刻凿10厘米，露出黄白色的沙土形成浅浅的沟槽而组成的图形，颇似单线勾勒的白描画。地画之所以历经

沧桑而没有被风沙销蚀掉，是由于作画的人在地画图形上置放了起阻碍剧烈温差与风蚀作用的小石块。根据对一幅画面上直线的一端尚残留的木桩应用碳14进行测定，地画的制作时间应为公元前后到公元600年。因此，考古学家推测这些地画可能就是在那个时期制作的。

后来，一位研究者又发现了意想不到的景观：原来只有从天空向下俯瞰才能观赏到的荒原美景，在朝晖的映衬下显得更为壮观绮丽。图案中的飞禽走兽仿佛一下子活跃起来，或凌空翱翔，或疾速

驰骋，或游弋海底。但是当太阳逐渐升高后，图案又杳然消失，归于寂静。为什么这些地画平时在平地上看不清，只在早晨的一定时刻才显现呢？研究人员经过实地考察证

实，每段图案的"沟槽"的深浅和宽度都是根据旭日斜射率精确计算出来的。由此可见，荒原图案的制作者，不仅是卓越的艺术家，而且也是深谙光学的自然科学家。他们不知花费了多少心血，精确地计算了朝阳斜射的光线入射角度，在此基础上确定图案的每根线条的深度、宽度和相互间的距离。这样，待这些先决条件一应俱备时，只要待朝阳升到一定高度，那光怪陆离的图案便沐浴于光线之中，构成一幅云蒸霞蔚、气象万千的奇观来。

纳斯卡荒原图案之谜轰动了全世界，很多人喻之为"世界第八大

奇迹"。有些人甚至认为，与世界七大奇迹相比，纳斯卡荒原神秘图案之谜更要扑朔迷离，那么它到底奇在哪里呢？这些图案是什么时候如何创制出来的？这些图案是用来做什么的？半个多世纪以来，许多学者都对这一系列

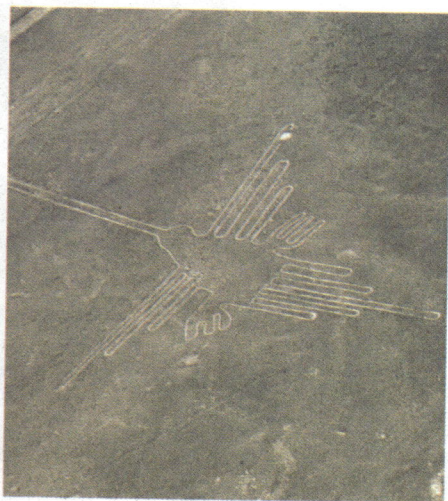

问题进行过深入细致的研究，但都感到困惑不解，众说纷纭，莫衷一是。因此，纳斯卡文明至今仍是一个尚未完全揭开的人类文化之谜。

三星堆文明

　　三星堆是上起新石器时代晚期，下至商末周初，距今3000年至5000年左右的古蜀文化遗址，是我国长江流域早期文明的代表，也是迄今为止我国信史中已知的最早的文明。其位于四川省德阳广汉南兴镇，总面积12平方公里。中心区域是一座由东、西、南三面城墙环抱的古城。据考证，它是3000多年前的古蜀都邑，规模大抵相当于河南商城。平畴之上，有三个起伏相连的黄土堆，宛若三颗星辰，古名

"三星堆"。它的出现不仅震撼了中国人，而且也震撼了全球考古界。

　　据称，1929年的春天，四川广汉农民燕道诚在宅旁掏水沟时，不经意间发现了一块色彩斑斓的玉石，使"广汉玉器"名声鹊起，拉开了人们对这里半个多世纪的发掘研究历程。20世纪30年代直至70年代末期，考古界一直在持续不断地

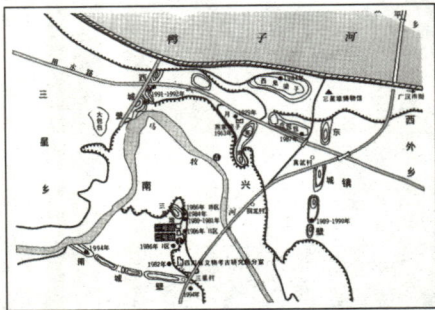

对三星堆进行探索、研究。1986年7月至9月，两个商代大型祭祀坑的发现使三星堆名扬海内外，两坑上千件国宝重器的轰然显世震惊了世界。对三星堆遗址进行的13次发掘，比较系统和科学地证明了三星堆是古蜀文化的中心，它将四川的历史向前推进了1000多年，并再次证明了中华文明起源的多元学说。这一期间的研究也使三星堆遗址的面积，其东、西、南三面城墙和北面的天然屏障位置得到了确认。

在广汉市郊，有一座为三星堆遗址专门修建的博物馆，这里存放着大量珍贵的文物，包括造型极其神异的人面鸟身青铜像，这在中外考古史上从未发现

过。陈列在此的还有几块成吨重的巨形玉石和大量玉璋、戈、剑等玉器。玉石碾琢磨制雕刻均非易事，这证明，那个时代的人们已经掌握了后人几千年后才拥有的玉器雕刻技术。众多出土的青铜造像，铸造精美、形态各异，组成了一个千姿百态的神秘群体。此外，三星堆还出土了大量精美绝伦的金杖、黄金面罩、多种黄金动物图形和装饰品等，证明了古代蜀人是世界上最早开采和使用黄金的古老部族之一。

知识百花园

三星堆的七大"千古之谜"

第一谜，三星堆古蜀国的政权性质及宗教形态如何？三星堆古蜀国是一个附属于中原王朝的部落军事联盟，还是一个相对独立的已建立起统一王朝的早期国家？其宗教形态是自然崇拜、祖先崇拜还是神灵崇拜？或是兼而有之？

第二谜，三星堆遗址居民的族属为何？目前有氐羌说、濮人说、巴人说、东夷说、越人说等不同看法。多数学者认为岷江上游石棺葬文

化与三星堆关系密切，其主体居民可能是来自川西北及岷江上游的氐羌系。

第三谜，三星堆文化来自何方？目前有其来源与岷江上游新石器文化有关、与川东鄂西史前文化有关、与山东龙山文化有关等看法，即人们认为三星堆文化是土著文化与外来文化彼此融合的产物，是多种文化交互影响的结果。但它究竟来自何方仍无定论。

第四谜，三星堆青铜器群高超的青铜器冶炼技术及青铜文化是如何产生的？是蜀地独自产生发展起来的，还是受中原文化、荆楚文化或西亚、东南亚等外来文化影响的产物？

第五谜，三星堆古蜀国何以产生、持续多久，又为何会突然消亡？

第六谜，出土上千件文物的两个坑属何年代及什么性质？年代争论有商代说、商末周初说、西周说、春秋战国说等，性质有祭祀坑、墓葬陪葬坑、器物坑等不同看法。

第七谜，晚期蜀文化的重大谜题——"巴蜀图语"。三星堆出土的金杖等器物上的符号是文字？是族徽？是图画？还是某种宗教符号？可以说，如果能解开"巴蜀图语"之谜，就能极大地促进三星堆之谜的破解。

奥梅克文明

奥梅克文明的历史，可追溯到公元前2000年。但是在阿兹特克帝国崛起之前1500年，这个古文明就已经消失。不过，阿兹特克人倒是保存了很多有关奥梅克人的动人传说，甚至称他们为"橡皮人"。根据传说，奥梅克人居住在墨西哥湾沿岸的橡胶生产地区。今天，这个地区的位置介于西边的维拉克鲁兹港和东边的卡门城之间。在这儿，阿兹特克人发现了奥梅克人制造的一些古代仪式用品，他们将这些器物供奉在自己的庙上，对其十分崇敬。

在科泽科克斯西边的崔斯萨波

中美洲。

位于科泽科克斯市西南方的圣罗伦佐正好坐落在奥梅克文化遗迹"蛇神避难所"的中心，奎札科特尔的神话和传说经常提到这个地方。考古学家使用碳14鉴定法测出的年代

特城、南边和东边的圣罗伦佐城和拉文达城，无数典型的奥梅克雕刻品相继出土。这些文物全都是用整块玄武岩或其他耐久石材雕凿而成。有些雕刻的是庞大的头颅，重达几十吨；其他是巨型石碑，上面镌刻着两个相貌截然不同的种族——都不是美洲印第安人。据估计，制作这些杰出艺术品的工匠，肯定属于一个精致的、高度组织化的、繁荣富裕的、科技上相当先进的文明。学者们面临的问题是：除了艺术品之外，这个文明没有留下任何东西能够让后人探寻它的根源和性质，唯一能确定的是，"奥梅克人"在公元前1500年左右出现在

最古老的奥梅克遗址，就是坐落在圣罗伦佐地区。据鉴定，这处遗迹的历史可追溯到公元前1500年左

右。然而，在那个时期之前，奥梅克似乎已经发展成熟，而且没有迹象显示，奥梅克文化的发展是在圣罗伦佐地区进行。此中一定有玄机。毕竟，奥梅克人曾经建立过相当辉煌的文明，进行过大规模的工程计划。他们发展出高超的技艺，有能力雕琢和处理巨大的石块（他们遗留下的人头像，有些是用一整块巨石雕成的，重达20吨以上；石材是在图斯特拉山中开采，沿着60英里长的山路运送过来的）。如果不是在圣罗伦佐地区，那么奥梅克人的先进科技知识和高度组织能力究竟是在什么地方发源、演进和成熟的呢？

然而不可思议的是，尽管考古学家一再努力挖掘，在墨西哥，甚至在整个美洲，他们却始终找不到任何可以证明奥梅克文化曾经有过"发展阶段"的证据。这个最擅长雕刻巨大黑人头像的民族仿佛是从石头里蹦出来，突然出现在墨西哥地区的。因此，奥梅克文明的出现至今还是一个迷。

千古谜团

第二章

　　随着时代的发展与科学的进步，许多以往的传奇成了人们追逐探索与研究的目标。充满趣味性的谜底，不仅吸引、满足着人类的好奇心，而且随着研究的深入，也不断地发展、更新着人类的智慧与想象力。谜，给予了人类想象的空间。历经世代的继承与发展，谜所激发的人的丰富多彩的想象力不仅创造了文学艺术，而且也催生了人类的科学事业。作为很早就对"自身是如何诞生的，未来又将如何，这个世界到底会何去何从"等等富有终极哲学智慧问题有着浓厚兴趣的人类，为后世留下了许多远古甚至是史前时代的种种谜团，这些谜团又因历史的时空性而不断创造着新的谜团。而如此众多的、世代不断累积的谜底，最终吸引着一代又一代的人去研究、探索，即使没有任何结果，也从心理上给予了"人"这种万物之

奇湖怪河

灵以很大的满足。在这一章里，我们就围绕人类谜底这一话题，来说一说那些千古之谜，如人类起源之谜、反物质的存在之谜、"速冻巨像"之谜、恐龙灭绝之谜、古罗马面貌之谜、奇湖怪河之谜、世界七大谜团、喜剧的兴盛之谜、苏美尔人之谜、雍正帝继位之谜、十二生肖之谜以及诺亚方舟之谜等。

人类起源之谜

人类是如何起源的？是人类最感兴趣的问题之一。从古至今，地球和宇宙，是那些热爱生命、热爱真理的人永远的图腾。人类认识天、地，是从神话开始的。耶和华在西边创造天地，盘古在东方开天辟地。人类认为，天有四极，地有八荒；四方上下为宇，古往今来为宙。人们一直都在寻求对人本身的绝对认知。在玛雅文明消逝多年后，达尔文说，人是古代的猴子变的；物竞天择，适者生存。这种说法，石破天惊。赞成者云集，认为进化论是人类认识自身起源的一把钥匙；反对者蜂起，认为达尔文哗众取宠、欺世盗名。赞成反对之间，尽解人类起源之谜。人类社会

的发展史，也是一部认识地球、宇宙、文化和自身的历史。我们无法回避祖先的终极询问：我们从何处来？我们是谁？我们向何处去？人

类的历史究竟有多久？随着新的猿类化石和人类化石的发现，人们对这个问题的认识也在不断发展和变化的。

研究人类起源和进化的实物是人类化石。达尔文早在1871年就指出，人类的诞生地是非洲。他的理由是：人类最近的动物亲属——大猩猩和黑猩猩这两种猿类，如今都生存在非洲。德国的胚胎学家和进化论者海克尔是第一个提出人类起源于亚洲的人。他指出，亚洲的猿类（长臂猿和猩猩）与人类相似的程度大于非洲的猿类，由此他推测

东南亚是人类的诞生地。他的"人类亚洲起源说"在之后的半个多世纪中曾被人们最广泛地接受。

从1927年开始，考古学家在我国北京附近的周口店进行了系统的发掘，发现了一颗牙齿化石，经加拿大人布莱克（中文名布达生）研究，定名为"中国猿人"。1929年底，由裴文中负责发掘工作，发现了一个完整的头盖骨，这也被作为人类起源于中亚的证据。

但是，从1924年起，考古学家先是在南非汤恩发现了南方古猿的化石，以后在南非的其他几个地方和东非的不少地点又发现了多种南方古猿类的化石。它们的形态远比猿人（直立人）原始，年代也远比猿人更早，因而确立了人类起源于非洲的论点。

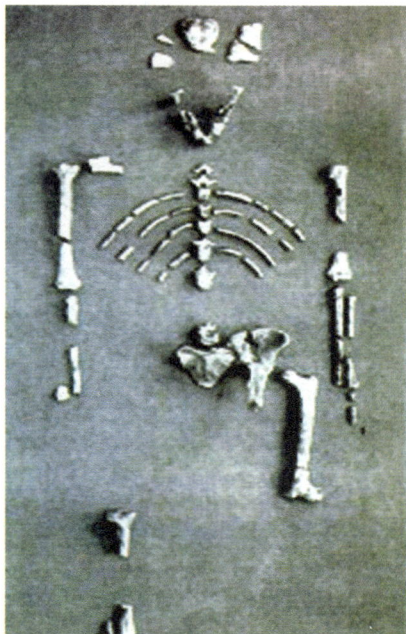

总之，人类的起源是一个涉及世界各地的问题，也是一个较长的历史过程。为了避免误导读者，我们不应混淆整体与局部的概念，更不能仅根据一个国家或一个地区的某一项发掘结果，就对其做出结论性的判断。

反物质存在

　　通过全球几十位科学家的通力合作，欧洲核子研究中心成功地制造出了约5万个反氢原子。这是人类首次在受控条件下大批量制造反物质。

　　反物质就是由反粒子组成的

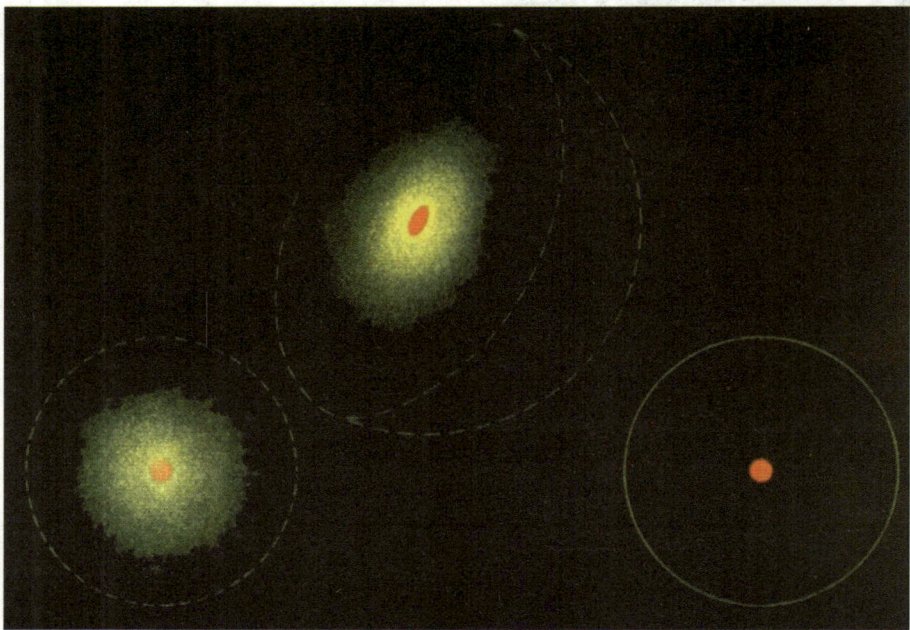

物质。所有的粒子都有反粒子，这些反粒子的特点是其质量、寿命、自旋、同位旋与相应的粒子相同，但电荷、重子数、轻子数、奇异数等量子数与之相反。例如氢原子由一个带负电的电子和一个带正电的质子构成，反氢

质子、中子和电子组成的。这些粒子被称为基本粒子，意指它们是构造世上万物的基本砖块，而事实上基本粒子世界并没有这么简单。在20世纪30年代初，就有人发现了带正电的电子，这是人们认识反物质

原子则与它正好相反，由一个带正电的正电子和一个带负电的反质子构成。物质和反物质相遇后会湮灭，并释放出大量能量。

　　我们知道，把自然界宏观物体还原到微观本源来看，它们都是由

的第一步。到了50年代，随着反质子和反中子的发现，人们开始明确地意识到，任何基本粒子在自然界中都有相应的反粒子存在。

　　质子与反质子是这样，那么中子与反中子的性质有什么差别？其实粒子实验已证实，粒子与反粒子

不仅电荷相反，其他一切可以相反的性质也都相反。我们周围的宏观物质主要由电子数为正的质子和中子所组成，这样的物质被称为正物质，由他们的反粒子组成的物质则相应地被称为反物质。从粒子物理的角度讲，正粒子和反粒子的性质几乎完全对称，那么为什么自然界有大量的正物质，而却几乎没有反物质呢？这正是我们现在要讨论的问题。

从根本上说，反物质就是物质的一种倒转的表现形式。爱因斯坦曾经根据相对论预言过反物质的存在："对于一个质量为m，所带电荷为e的物质，一定存在一个质量为m，所带电荷为−e的物质（即反物质）"。正反粒子的强作用和电磁作用性质完全一样，因此反质子和反中子也能结合成带负电的反原子核；反原子核和反电子结合在一起，就能组成反原子。我们的正物质世界有多少种原子，相应地在反

物质世界中也能有多少种反原子，而且它们在结构上将是完全一致的。延伸起来讲，大量反原子可以构成反物质的恒星和星系。如果宇宙中正反物质为等量，那么这样的反恒星和反星系就应当存在。因此这给天文学家提出了一个深刻的问题：天上有反恒星和反星系吗？太阳或月亮会是由反物质组成的吗？

月亮是离我们最近的天体，由

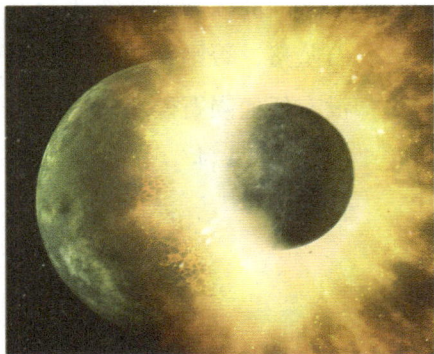

地球出发的宇航员已在月球上登陆过。如果月球是由反物质组成的，那么在那位宇航员与月球接触时，湮灭过程早已把他转化为介子了。这是表明月亮是正物质天体的直接证据。至于太阳，那是人类没有可能登陆的地方。那么怎么才能知

道它是不是由反物质组成的呢？太阳表面的气体温度很高，其中热运动速度较快的原子的运动速度已超过了太阳表面的逃逸速度，这就是太阳风的起因。若太阳是反物质恒星，太阳风就是由反原子组成的，它吹到行星上，就会和行星的正原子相湮灭，正物质组成的行星说法会逐渐消失掉。而这种消失过程没有发生，这就证明了整个太阳系中没有反物质天体。那么，如果真存在反物质天体的话，它至少应在太阳系之外。

反物质研究中最著名的是被称为"世纪巨谜"的通古斯大爆炸。1908年6月30日凌晨，俄国西伯利亚通古斯地区的泰加森林里，突然发生了一场剧烈的大爆炸。随着一道白光闪过和一声天崩地裂般的巨

响，一片沉睡的原始森林顷刻化为灰烬。大火吞没了数百公里之内的城镇和生命，融化了冰层和冻土，引起山洪爆发、江河泛滥，仿佛"世界末日"到了。据估计，这次爆炸的威力相当于上百颗氢弹一齐爆炸!

通古斯爆炸震惊了全世界，"通古斯"也一夜之间名扬全球。由于西伯利亚的严寒和交通不便，直到1921年才由前苏联的一个研究小组第一次前去考察。以后世界上其他国家相继派团考察，但至今关于通古斯大爆炸的原因依然众说纷纭，莫衷一是。其中一种说法便认为这是反物质引起的"湮灭"现象，因为这种能级的爆炸除非是流星或陨石坠落，否则无法解释，而那里却没有任何陨石碎块。"反物质说"虽然只是科学上的一种假

陨石

说，还有待证实，但反粒子等"负性物质"是确实存在的，而且现在又发现了反氘、反氢、反氦等等一系列反物质。相信随着科学技术的不断发展和科学研究的不断深入，人们对反物质作用的认识一定会越来越深刻，反物质世界必将能为人类所认识和利用。

根据宇宙大爆炸理论，爆炸形成的物质和反物质应该是对称的，可是我们的宇宙中的物质和反物质却是不对称的。否则它们相互湮灭，也就不会有这宇宙和宇宙中的一切了。那么与我们的宇宙物质对称的反物质哪儿去了呢？1977年科学家们发现在银河系中心附近有一个可能的反物质源。如果那个地方真的存在，就意味着宇宙中真的存

在天然的反物质，也意味着人类有直接从天然得到反物质的可能。同时物质与反物质之间的万有斥力，也可以帮助我们解释为什么我们的宇宙在加速膨胀。1979年，美国科

学家把一个有60层楼高的巨大气球放到离地面35公里的高空，气球上载有一批十分灵敏的探测仪器，结果，它在高空猎取了28个反质子。这是除了地球以外第一次发现的反物质。

物质和反物质在湮灭时会产生巨大的能量，并且不会象核弹那样产生放射线污染，所以被认为是一种最理想的清洁能源。但是科学往往都是一把双刃剑，可以造福人类，当然也可以给人类带来巨大的灾难。由1克反物质产生的能量足以为23架航天飞机提供动力，但由

几克反物质制造的炸弹却能毁灭整个地球。

我们都知道物质是由分子组成的，分子又是由原子组成的，而原子又是由原子核和电子组成，原子核由质子等粒子组成。按照物理学中的等效真空理论，宇宙中的每

一种粒子都应该有与之对应的反粒子，它带有数值相等而符号相反的电荷，宇宙中有多少由质子、中子和电子结成的物质，就必定有同样多的反质子、反中子和正电子结成

的反物质，宇宙中的正反物质应该是严格对称的。

地球上肯定没有反物质，太阳系中也没有，因为如果太阳系中若有反物质，那么物质与反物质相遇而湮灭产生的射线早已把我们烘干了。通过几十年来的观测，天体物理学家已经确认：我们的星系和星系团以至包括我们的超星系团在内的大约离地球一亿光年的空间范围内是由物质组成的而没有反物质。但量子力学认为，各种基本量（如电荷和动量）是守恒的，宇宙创生时产生了物质，必然产生了相等的反物质。由于反物质所产生的光应该与物质是一样的，所以从光谱上无法确定反物质的存在，分辨物质

和反物质的唯一办法是对所研究的星系物质进行物理检验。宇宙射线是由超新星遗留物、恒星或别的天体碎屑放出的原子类物质，那由反物质形成的宇宙线必定来自1亿光年之外的星系，它只占宇宙线的百万分之一。但到目前为止，用各种方法所接收到的宇宙线中仅发现了少量的反质子而没有发现反物质的存在。

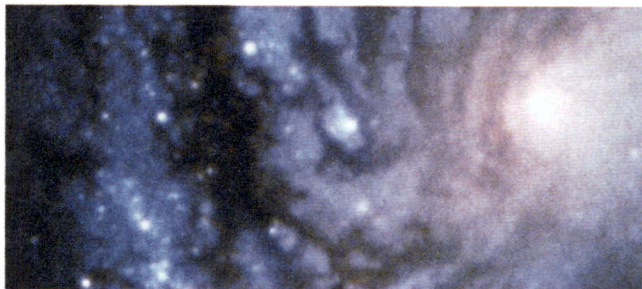

反物质的一个潜在的且十分诱人的用途是利用它来制造星际航行火箭的超级燃料。将氢和反氢混合湮灭来获得能量，那么这种燃料的1%克所产生的推力就相当于120吨由液态氢和液态氧组成的传统燃料。反物质的应用，可以从根本上改变能源供应的模式，将会引起一场能源革命。但是由于目前人工制造的反质子是由加速器产生的高能粒子打击固定靶产生反粒子，再经减速合成的，此过程所需要的能量远大于湮灭作用所放出的能量，且生成反物质的速率极低，生产一千亿分之一克的反物质，需要耗资近60亿美元，因此尚不具有经济和应用价值。

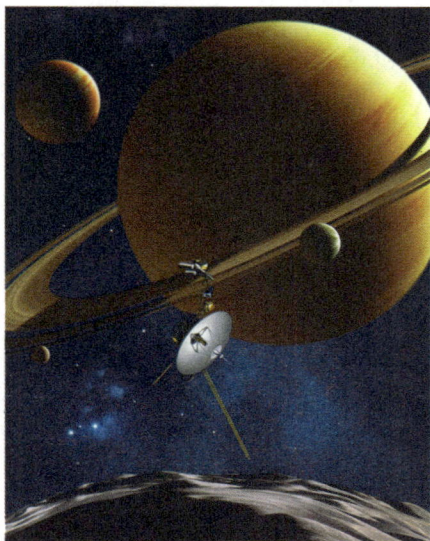

物质和反物质这一物理体系给物理学家、化学家、天体物理学家带来了一系列新的课题，同时也给人类带来了新的憧憬。

"速冻巨象"

1979年在西伯利亚的毕莱苏伏加河畔的冻土里曾发现了一头半跪半立的古代长毛象。这头长毛象身上的肉新鲜如初，最奇异的是它的毛发里还藏着鲜花，显然是被"速冻"的。

在西伯利亚的冻土带，有许多这样的巨象。经专家测定，它们和前面提到的那头长毛象一样，至少生活于距今两万年以前。毕莱苏伏加河流域的很多人都见过那头象的肉，既鲜嫩又富有弹性。而以往或其他地方发现的被深埋冰藏的古动物都是骨肉难分，粘成一团。那么，古长毛象的鲜肉是怎样保存下来的？它们的死因又是什么呢？有人说，这是因为古长毛象是在觅食时失

足坠下冰川而死，最后被天然冰箱冻藏起来的，所以能历经万年而保持新鲜。事实是不是这样呢？发现古长毛象的地区并没有冰层或冰川，只有冻土苔原地带，而冻土是由土壤、沙或者淤泥构成的，也就是说长毛象肉是在冰土里保持新鲜的。而且，西伯利亚在一万年或者更久以前并没有冰川，所以这一说法不成立。

又有人说，这些长毛象是由它们生存的上游冰川失足跌入河中，被冲至下游河边并被埋在淤泥里保存下来的。而这又是说不通的，因为古巨象并不是在河边找到的，而是在离河很远的苔原上找到的，最重要的是，它们都保持站立或半跪的姿态，应该是瞬间死亡。

食物冷冻专家则说，像西伯利亚这样的气候，决不可能速冻古象。在一般情况下，要速

冻400千克左右的肉，需要零下45度以下的低温，而要速冻体积达23吨并有厚毛皮保暖的活生生的长毛象，估计需要摄氏零下100度以下的低温，而我们居住的地球，从未有过这样的低温。更何况，这头发掘自毕莱苏伏加河畔的长毛象的毛发里还藏有金凤花，而金凤花是在温暖湿润的环境下生长的。在阳光下悠闲地啃着金凤花的长毛象，突然被严寒当场冻死，这是现代科学根本无法解释的。

还有人推测，这头古代长毛象正在西伯利亚的冻土带上吃草时，寒冷的狂风突袭了它，这种温度极低的狂风，像电冰箱里循环的冷气，瞬间包围住长毛象的全身，使它的内脏立刻冻结，血液也全部冻成冻。几秒钟之内，它就死亡了。几小时之内，它就变成了坚硬的塑像，一年一年地沉入地下。然而，很多人并不同意上述推断，因为如果真有那样的狂风的话，所有的动物甚至整个地球都应该已经被毁灭了。这头古长毛象的肉为何万年新鲜不变，可能只能是一个永远的谜了。

恐龙的灭绝

在两亿多年前的中生代，大量的爬行动物在陆地上生活，因此中生代又被称为"爬行动物时代"，大地第一次被脊椎动物广泛占据。那时的地球气候温暖，遍地都是茂密的森林，爬行动物有足够的食物，所以逐渐繁盛起来，种类越来越多。它们不断分化成各种不同种类的爬行动物，有的变成了今天的龟类，有的变成了今天的鳄类，有的变成了今天的蛇类和蜥蜴类，还

有一类演变成了当时遍及世界的哺乳动物——恐龙。恐龙是所有爬行动物中体格最大的一类，很适宜生活在沼泽地带和浅水湖里。那时的空气温暖而潮湿，食物也很容易找到，所以恐龙在地球上一直统治了几千万年的时间。但不知什么原因，它们在6500万年前很短的一段时间内突然灭绝了，今天人们看到的只有那时留下的大批恐龙化石。

关于恐龙灭绝的原因，人们仍

在不断的研究之中。长期以来，最权威的观点认为，恐龙的灭绝和6500万年前的一颗陨星有关。据研究，当时曾有一颗直径7~10公里的小行星坠落在地球表面，引起了一场大爆炸，爆炸把大量的尘埃抛入大气层，形成了遮天蔽日的尘雾，导致植物的光合作用暂时停止，恐龙因此而灭绝了。

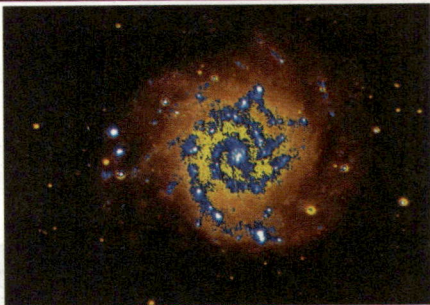

小行星撞击理论，很快获得了许多科学家的支持。1991年，在墨西哥的尤卡坦半岛发现了一个发生在久远年代的陨星撞击坑，这个事实进一步证实了这种观点。今天，

陨星碰撞

这种观点似乎已成定论了。但也有许多人对这种小行星撞击论持怀疑态度，因为事实上，蛙类、鳄鱼以及其他许多对气温很敏感的动物都顶住了白垩纪而生存下来了。小行星撞击理论无法解释为什么只有恐龙死光了，而其他动物却没有。迄今为止，科学家们提出的关于恐龙灭绝原因的假想已不下十几种，比较富于刺激性和戏剧性的"陨星碰撞说"不过是其中之一而已。

除了"陨星碰撞说"以外，关于恐龙的灭绝还有以下几种学说：

（1）造山运动说。在白垩纪末期发生的造山运动使得沼泽干涸，许多以沼泽为家的恐龙就无法再生活下去。因为气候变化，植物也改变了，食草性的恐龙不能适应新的食物，也相继灭绝。草食性恐

龙灭绝，肉食性恐龙也失去了依持，结果也灭绝了。这一过程持续了1000~2000万年。到了白垩纪末期，恐龙在地球上绝迹。

（2）气候变动说。由于板块移动，海流产生改变，引起气候巨幅改变。严寒的气候使植物死亡，恐龙因缺乏食物而导致了灭亡。

（3）火山喷火说。因为火山的爆发，二氧化碳大量喷出，造成地球急剧的温室效应，使植物死亡。而且，火山喷火使得盐素大量释出，臭氧层破裂，有害的紫外线照射地球表面，造成生物灭亡。

（4）海洋潮退说。根据巴克

火山喷火

的说法，海洋潮退，陆地接壤时，生物彼此相接触，因而造成某种类的生物绝种。例如袋鼠，袋鼠能在欧洲这种岛屿大陆上生存，但在

南美大陆上遇见别种动物就宣告灭亡。当然除了这种吃与被吃的关系以外，还有疾病与寄生虫等的传染问题。

（5）温血动物说。有些人认为恐龙是温血性动物，可能禁不起白垩纪晚期的寒冷天候而导致无法存活。因为即使恐龙是温血性，体温仍然不高，可能和现生树獭的体温差不多，而要维持这样的体温，也只能生存在热带气候区。同时恐龙的呼吸器官并不完善，不能充分补给氧，它们没有厚毛避免体温丧失，却容易从其长尾和长脚上丧失大量热量。温血动物和冷血动物不一样的地方，就是如果体温降到一定的范围之下，就要消耗体能以提

高体温，身体也就很快变得虚弱。它们过于庞大的躯体，不能进入洞中避寒，所以如果寒冷的日子持续几天，可能就会因为耗尽体力而遭到冻死的命运。

（6）自相残杀说。因为气候问题，花草大量灭绝，从而使以食草为生的食草龙渐渐死亡，而肉食恐龙，也因为没有了食物而灭绝。

（7）压迫学说。恐龙的数目急增，在植物有限的情况下，造成了草食性恐龙的灭绝，接着靠食用草食性恐龙为生的肉食性恐龙也因为食物的不足而跟着灭绝。

（8）哺乳类犯人说。在中生代后半，已有哺乳类的祖先生存。

根据化石的记录，当时的哺乳类体型甚小，数量也十分有限，直到白垩纪的后期，数量才开始急速增加。科学家推测它们属于以昆虫等为主食的杂食性，这些小型哺乳类发现恐龙蛋之后，即不断取而食之，导致恐龙灭绝。

（9）种的老化说。该学说认为恐龙因繁荣期长达一亿数千万年的发展，使得肉体过于巨体化。而且，角和其他骨骼也出现异常发达的现象，因此在生活上产生极大的不便，终于导致绝种。恐龙中最具代表性的雷龙，体长二十五公尺，体重达三十吨，体型的过于庞大，使其动作迟钝而丧失了生活能力。

另外，三角龙等则因不断巨大化的三只角以及保护头部的骨骼等部位异常发达，反而走向了自灭之途。

（10）生物碱学说。这种学说认为恐龙所生存的最后时期，亦即白垩纪，开始出现显花植物，其中某些种类含有有毒的生物碱，恐龙因大量摄食，引起中毒而死亡。哺乳类能够靠味觉和嗅觉来分辨有毒的植物，但是恐龙却没有这种能力。不过，含有生物碱的植物并非突然出现于白垩纪后期，而是在恐龙绝种的五百万年前就已经出现了。但此学说未说明何以恐龙在这段期间内仍能生存。

除了上述说法之外，还有传染病、来自宇宙的放射线或超新星的爆炸、未乘上诺亚方舟、太阳系震动说等较鲜为人知的说法。关于恐龙的灭绝说法，至今还没有一个确切的答案，毕竟恐龙灭亡之谜还未真正解开。

奇游怪河之谜

◆ 墨水滚滚的河流

阿尔及利亚有一条水流墨黑的

河流。据说，第二次世界大战时英国军队曾用这条河的水当墨水来使用。原来，河的上游有两条支流，其中一条支流的水富含五倍子酸，另一条支流的水里含有铁质的氧化铅。随着支流的汇合，河水中的这两种物质便发生化学反应，结果河水就变成天然的黑墨水了。

勒尼达河

◆ 香味扑鼻的河流

勒尼达河，地处西非的安哥拉，长度为6公里。由于河水香飘

四方，现改名为"香水河"。它香气浓郁，即使离河很远的人，都能够闻到醉人的芳香。这条河的香味究竟来自于哪里，目前尚无定论。有人认为，河底可能长有许多能够在水中开花的植物，这些花的香味溶解于水中，然后再散发出来。另一种说法则可能是河底的泥沙与众不同，含有香味。

◆ 酸性水质的河流

哥伦比亚东部的雷欧维拉力河长度近600公里，是当地一条很长

的河流。它的河水具有极强的刺激性，且呈酸味，故有"酸水河"之称。化验结果表明，河水中含有8%的硫酸和5%的盐酸。研究人员在探测和研究后发现，雷欧维拉力河的河床直通火山区许多幽深的穴道，很可能是火山爆发时排出的燃烧物、硫酸和盐酸等经由穴道渗入河床中，才使河水呈酸性。

◆ 装满沥青的湖泊

在西印度洋的特立尼达岛上的拉巴拉村有一个大型的沥青湖，里面的沥青稠密异常，需用大戽斗或者镐才能在其表面留下很浅的坑，但过一两周后这里又会被湖底涌上来的沥青填平。许多年来，尽管当地居民一直在使用湖里的沥青，然

沥青湖

而这里的沥青一点也不见少，就好像永远用不完似的。

◆ 五层湖泊

俄罗斯北部有一个分为五层的湖，各层的水质和生物均不相同。

顶层是淡水，生活着淡水鱼和虾；第二层的水略带咸味，海蜇和大螯虾群集其间；第三层为海水，仅有5种海洋生物；第四层的水呈暗红色，既没有鱼类也没有虾，是微生物的世界；最低层为死亡的深渊，由于水中含有许多有毒物质，这里不存在任何生物。

◆ 甘甜的河流

在希腊境内的这条河原名叫澳尔马加河，后因河水中的甜度接近于蔗糖的75%而更名为"甜河"。居住在河边的人用"甜河"的水浇灌农作物，并且带来丰收，可他们从来不敢将河水当作甜水来饮用。地质学家经初步分析认为，甜水的形成与河床下面的土层里含有大量的原糖结晶体有关系。

◆ 猎塔湖之谜

2008年1月10日，学者走进江苏卫视"人间"演播厅，现场讲述独特经历。而同时来到演播厅的，还有两位专家教授：洪显烈，世界科教文组织专家成员，十年的拍摄和考察让他坚信湖里有"水怪"！但是，夏刻勤（成都理工大学环境

猎塔湖

与土木工程学院教授），在2007年8月曾亲自去猎塔湖考察，得出的结论是：猎塔湖里没有"水怪"！两位教授都为此拿出了证据，洪显烈拿出了自己十年里拍摄到的四种"水怪"活动现象：

（1）发光体。在这个看似不大的湖面上，多处产生大面积的发光现象，并呈顺时针方向不断向前运动，洪显烈说这是"水怪"接近水面作转圈游动时产生

的移动发光现象。

（2）漩涡。水面上呈现时而顺时针旋转，时而逆时针旋转的水波纹，而且在旋转的水波中

心，始终有一个亮点，这是下午四、五点钟经常出现的奇异现象。

（3）水箭。短短几秒钟，顺着水纹方向，可以看到一水下生物游动了近十米的距离，只有大型生物在水下急速直线运动时，才会产生这样的波纹。

（4）冰上窟窿。正与我们所目睹的一样，冬天冰层极厚的猎塔湖湖面上居然布满了大大小小的窟窿，而某些窟窿上还冒着水泡，马帮人说这正是水下生物在呼吸！

冰上窟窿

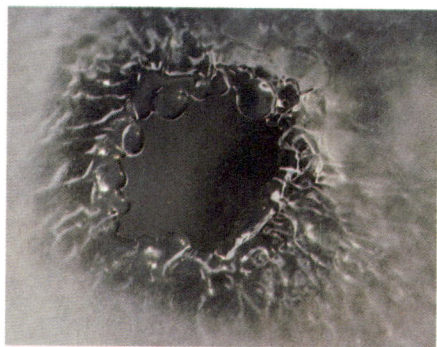

夏教授针对这四种现象做了科学猜测：

（1）光与风。猎塔湖处于4000多米的高空，形成了特殊的高山地理环境。由于水深不一，水温也不一样，很容易因水温差异产生对流，再加上横风的影响，就特别容易产生奇异现象。

鱼群争食

（2）鱼群争食。当小鱼集聚成鱼群围抢争食时，就会造成特殊的现象，这在海洋里也很常见。

（3）温泉。温泉是一种地下热水源，地下水吸收了地壳的热能，并沿着地壳上的大裂缝溢出，形成温泉。温泉的水温往往明显高于普通水温，最高能够高达四五十摄氏度，而这样的水温极有可能融化猎塔湖的冰层而形成窟窿。

对于夏教授的这些猜测，洪显烈据理力争，甚至现场公布了他从来没有在媒体上公布的资料：

（1）奇异影像是拍于晚间七点的，这时已经没有阳光，却隐约可见一生物在水下急速游动。

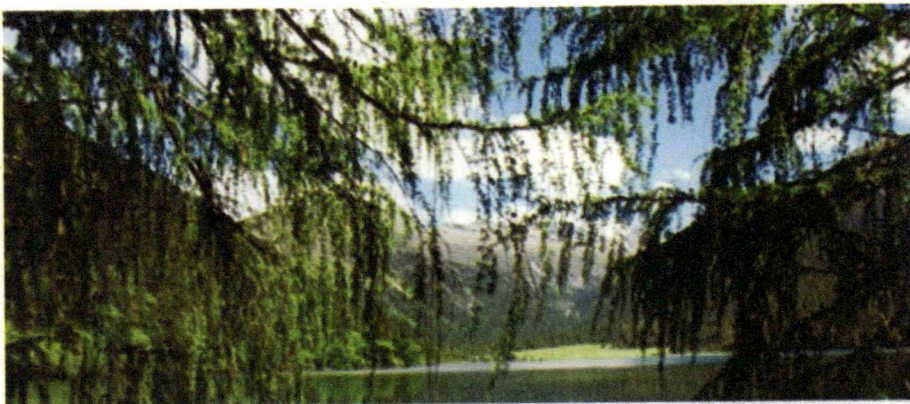

猎塔湖风光

（2）2006年，日本科学家也来到了猎塔湖，让大家都没有想到的是，日本科学家拍到了更为奇异的影像：在发光体前约三米的地方，可以清晰看到一股激水喷出。这一资料证实了众多目击者的描述。

依据这些资料，洪显烈大胆推测——猎塔湖"水怪"是早已灭绝千年的恐龙——克柔龙。克

柔龙是水下恐龙的一种，是尚龙的一个分支，而尚龙又是蛇颈龙的一个分支。但与蛇颈龙不同的是，克柔龙在演化过程中，颈部大幅缩短，而身长、体积也明显减小，因此与蛇颈龙相比，克柔龙运动的速度也就越来越快，运动方式也变得更加复杂。

但所有这些猜测、现象和资料都没有得到进一步的科学证实，所以是否存在这些因素。还有待于科学家们进一步证实。

世界七大谜团

◆ "埃及艳后"的宫殿

1996年，海洋考古学家弗兰克·戈迪奥在亚历山大东港发现了这位历史上最有魅力的女王——埃及艳后的沉没的安蒂亚霍多斯岛。"奢侈豪华、色彩绚丽"，戈迪奥是这样描绘这座充满了托勒密王朝末代女王悲惨命运的水下宫殿。戈迪奥不仅发现了克娄巴特拉（埃及艳后真名）和凯撒所生的儿子凯撒里翁的玄武岩上身雕像，而且还发现了安东尼自杀的地点。安东尼是克娄巴特拉的最后一位丈夫和情人，当他的死敌屋大维占领了亚历山大后，他可能逃到了一个狭长的半岛上。据说公元前30年，安东尼就在这个岛上拔剑自刎了，悲伤过度的克娄巴特拉便与篮子中的眼镜蛇握手了……

◆ 消失的大陆

2300多年以来，亚特兰蒂斯这个充满了传奇色彩的城市之国一直激发着人类的想象力。据说，亚特

兰蒂斯城的城墙和宫殿都是用黄金筑成的，并且在公元前11500年沉没在大海中。古希腊哲学家柏拉图在其著作《对话录》的《克利梯阿斯篇》和《蒂迈乌斯篇》中第一次提到亚特兰蒂斯城。根据柏拉图的记载，是地震让亚特兰蒂斯沉入大海的。柏拉图把这个高度发达富庶的国家描述成"被隔开的水域和土

地环绕着"——也就是被环形的运河所环绕。从此，热衷于研究亚特兰蒂斯城的人们在地球上发现了50多个可能是该城遗址的地方，这些地方分布在大西洋、黑海、亚速尔群岛、桑托林岛和克里特岛，甚至在北海中的德国赫尔果兰岛也有。直至目前，人们仍在继续寻找着。

◆ 水晶头颅

水晶头颅指的是1924年在英属洪都拉斯（今天的伯利兹）的玛雅城市卢班图姆发现的一只下颚骨可以活动的水晶头颅。1924年，一位英国考古学家17岁的女儿安娜·米

歇尔·赫奇斯在英属洪都拉斯的玛雅城市卢班图姆发现了这只水晶头颅。它至少有3600年的历史，是用一块水晶凿成的。它是迄今为止发

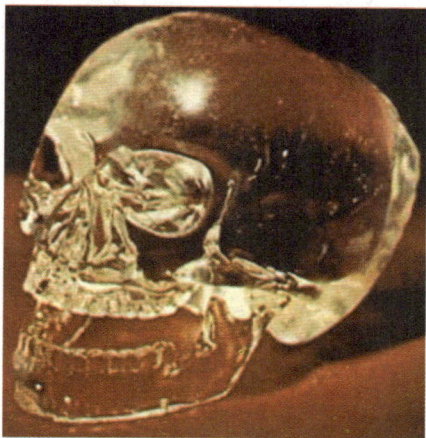

现的最精致、并且唯一一只下颚骨可以活动的水晶头颅。如果根据人们今天对水晶结构的了解，这只头颅根本就不能存在：它的制造违反了水晶的自然属性，即使利用最现代的技术手段也制造不出这样的水晶头颅，因为在加工过程中水晶会碎成1000多块。20世纪70年代初期，惠普公司在反复研究后认定，这只水晶头颅可能是经过了300到800年不停的打磨才达到现在这样

精确和光滑。迄今为止，人们共发现了21只水晶头颅。科学家们估计，以前水晶头颅可能是被当作一种祭祀用品。而观察者们一再说，他们在水晶头颅里看到了祭祀的场景。 有关玛雅的传说中还谈到了有13只相同的水晶头颅，如果把它们放在一起，它们就能说话、唱歌。

◆ 帕伦克的墓碑之谜

　　帕伦克古城位于墨西哥尤卡坦半岛，属玛雅文化的遗存。碑铭神庙的主体是一座宏伟的金字塔，塔高10层，只比埃及金字塔矮一些，

帕伦克的墓碑

顶端有一个祭神的神殿。1949年，考古学家阿尔韦托·鲁斯在这个神殿中间发现了一个通向底下坟墓的隐秘台阶。从这条20多米长的台阶一步步向下，就进入了位于地下的陵墓。在陵墓的石棺上方盖着一个3.8米长、2.2米宽，带有一个神秘浮雕图案的石板。这个神秘的浮雕图案里有一个男子的形状，这个人的姿态非常奇特，引起了考古史上长达几十年的关注和争论。作家冯·丹尼肯认为，这个石棺盖子上画的是一个古代的宇航员在航空器中起飞或着陆时的情景。

但是，考古学家通过对陵墓中获取的象形文字以及实物进行分析，首次证实了帕伦克当年是玛雅王国的政治文化中心。从对碑铭神庙金字塔顶上的一张非常详细的王

位世系表（石棺上还有一份）及其他相关资料的考证，考古学家认定了墓主人的身份。那个被埋在坟墓里、又刻在浮雕图案上的人，根本不是什么神秘的外太空人，他的真实姓名叫帕凯尔。公元615年，他成为帕伦克古城的最高统治者，后于公元683年逝世。冯·丹尼肯笔下所谓的古代太空人正是帕凯尔。

虽然如此，在帕伦克古城之中还有种种谜团等待人们去挖掘和探索，一切真相的最终展现还需要一代又一代考古工作者的努力。

◆ 诺亚方舟

1949年，有人在亚拉腊山西北翼5000米高处测绘地形时发现了一

个罕见的船身形状的石头形成物，其183米的长度和《圣经》中记载的诺亚方舟的规格大致吻合，这在研究界引起了"方舟热"。"你要用柏木造一只方舟，舟内建造一些舱房，内外都涂上沥青。你要从一切有血肉的生物中，各带一对，即

一公一母，进入方舟，与你一同生活"。上帝用这几句话命令诺亚造一艘船，用它来拯救他的全家和动物免遭大洪水的淹没。在150天的大水之后，诺亚方舟停靠在今天土耳其东部的亚拉腊山上。20世纪80年代，业余考古学家罗恩·怀亚特对这一现象进行了研究，并根据这个物体上的大量线痕来证明它就是诺亚方舟。它的形成"只是"因为地陷还是更多地涉及到了科学家们所说的"亚拉腊山反常"？现在也许只有通过地质卫星的照片才能展示清楚。不过，大洪水的神话仍将继续流传下去。

◆ 星象盘

　　在德国内布拉附近的米特尔贝格山发现的星象盘，有可能是有关宇宙的最古老的表现形式。在德国内布拉附近的米特尔贝格山发现的这只星象盘是一个直径为32厘米的青铜盘，重达两公斤，有着3600年的历史。这只内布拉的星象盘在全世界引起了轰动。德国考古学家哈拉尔德·梅勒博士说："这只出土文物就像英国著名的巨石阵和埃

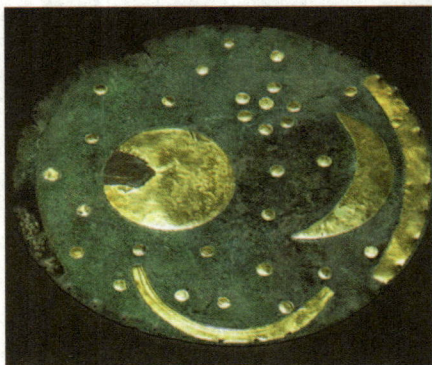

爵的坟墓或是存放圣物的地方。"而对于天文学家沃尔夫哈德·施洛瑟来说，"这只星象盘是有关宇宙的最古老的表现形式，当时的祭司很有可能就是用这只星象盘来预测

及的金字塔一样重要。"由于这只星象盘是在252米高的米特尔贝格山顶峰的一堵环形围墙里发现的，所以梅勒猜测道："它有可能是侯

下一次月食的发生的，很有可能他一定是拿着这个铜盘站在那个小丘上，月亮一旦位于昂星团上方，几天后就会出现月食。"在过去长达

1000年的时间里，米特尔贝格山这只星象盘的出土地方可能被用作了天文观测台。目前，这个星象盘存放在哈雷市的萨克森—安哈尔特州立博物馆里。

◆ 恐龙陨石坑

恐龙是出现于245 000 000年前，并繁荣于6500万年前的中生代陆生爬行动物，是地球上出现过的最大的陆地脊椎动物。恐龙在6500万年前的很短时间内突然全部消失，成为地球生物进化史上的一个谜。这个巨大的陨石坑被发现之后，从2001年12月起，德国波茨坦地理研究中心开始了这方面的研究。这个天体可能以相当于100亿颗原子弹的冲击力在地球表面撞出了几公里深的裂缝，撞击时的碎片纷纷散落，引起了强烈地震、海啸、大洪水和大火灾，这次碰撞产生的大量灰尘和气体混合到大气中，遮天蔽日，使气候出现大反常。先是大火，再是冰川期，接下来又是难以忍受的炎热。这场生态灾难造成了植物群和动物群的灭绝，其中就包括恐龙。

苏美尔人之谜

西亚地区是人类最早走入文明社会的地区之一，苏美尔人则是最先在西亚创造辉煌远古文明的民族。位于底格里斯河与幼发拉底河之间的美索不达米亚平原长期以来被人们认为是一片荒漠。这里有连绵不断的沙漠，沙漠上有平平无奇的低矮土丘。但正是这些看似平淡无奇的土丘吸引了考古学家的目光。他们不畏酷暑、风沙，日复一日地在这里发掘。最先获得成功的

雪花石雕刻

是法国人博塔，他在底格里斯河上游东岸一个叫库云吉克的土丘旁，发现了一座古代帝王的避暑行宫和大量精美的雪花石雕刻。大约1835年左右，位于现今伊朗的克尔曼沙阿东的贝希斯屯浮雕石刻文字吸引了英国军官罗林森的注意。此后，德国哥廷根大学希腊文教授格罗特芬德释读了一篇铭文中40个楔形文字中的8个字，并运用这8个字读出了石刻上3个国王的名字。1848—1879年，欧洲人雷雅德在库云吉克

附近挖掘出亚述帝国首都尼尼微的遗址，那庞大的宫殿、宽阔的马路、坚固的城墙让人惊叹。他们在这里共发掘出2万多片刻有楔形文字的泥版和5万多件各式文物。这些重大发现为人类进一步了解两河流域的古代文明打下了基础。

1899年，考古学家科尔维德在卡色尔堡遗址的土丘发现了巴

苏美尔人石像

比伦城遗址。经过考证，这是古代两河流域的最大城市，曾经是

巴比伦王国（约前894—前538年）的首都。

1922年英国考古学家伦纳德·伍利爵士开始对巴格达与波

斯湾之间的美索不达米亚沙漠地带进行考察挖掘，发现了苏美尔最古老的城市乌尔城，还发现了一个王族墓，出土了大量珍贵文物，如头盔、刀剑、乐器，各种工艺品、泥版文书，以及苏美尔女王的头饰和乌尔的旗帜。这些文物令考古工作者大开眼界，

前3000年，这种文字发展成为楔形文字。苏美尔人通常用平头的芦杆在未干的软泥版上印刻出字迹，笔道呈现楔形。最初，楔形文字被刻成直行，后来逐渐演变成为由左而右、由上而下的刻写方式。

古代美索不达米亚的文学作品主要有神话、史诗、赞美诗、哀歌、记事文、辩论文、箴言和

更令他们吃惊的是，在王族墓之下，伍利和其助手们发现了整整两米多厚的干净土和沉积层。经测定，这些干净的土层应为洪水沉积后的淤土。加之苏美尔泥板上有关于洪水传说的记载，似乎证实了《圣经》中洪水与诺亚方舟故事的真实性。这些考古发掘有利地证明了两河流域的美索不达米亚平原是世界最古老的文明发祥地之一。

根据考古资料推断，古代两河流域的文字体系源于苏美尔。约公元前4000年后期，苏美尔人创造了图画式文字。到了公元

谚语等形式。最著名的史诗是描写乌鲁克城英雄吉尔伽美什经历的一系列故事。

苏美尔人当时已经具备了很丰富的天文学知识。他们在观察月亮运行规律的基础上编制了太阴历，并将两次新月出现的相距时间作为1个月，每月包括29天或30天；全年分成12个月，6个月为29天，6个月为30天，每年共计354天，苏美尔人还置闰月加以调整。

苏美尔人的数学知识也很丰富。当时的人们对1至5的数字已有了专门的称呼，对10这个数也有了特别的符号。在此基础上，巴比伦时代的人们广泛使用10进

位和60进位法，进位法用于计算周天的度数和时间。而且，古巴比伦人已经掌握了四则运算、平

方、立方和求平方根、立方根的法则。

在建筑艺术方面，约公元前4000年中期，苏美尔已经出现多级寺塔的建筑。寺塔一般用土坯筑成，在一层层台基的最上面有

一个小神庙，他们还为这个小神庙建造了砖砌的拱门和圆柱。他们的拱门、拱顶和弯窿结构经常用于陵墓和房舍建筑。他们这种喜欢在平原上堆筑土丘，并在土丘上建筑神庙的习惯同其他各民族相比显得有些特别。

总之，在美索不达米亚，考古学家们取得了意想不到的巨大收获。卓有成效的考古不仅证实了《圣经》上的许多记载，甚至远远超出了这些记载。

人们常说，世界上没有一个地方能像美索不达米亚这样，汇聚如此众多的种族，融入如此丰富的文明。而这么多文明中，苏美尔文明是最古老，也是最重要的文明。这不仅在于它已经有6000年的历史（埃及与它相比，也只是一个小弟弟），更在于

苏美尔文明的影响已经贯穿了整个人类历史进程。虽然苏美尔人的法典与我们已知最早的成文法典——《汉谟拉比法典》相比，仍显得简单粗糙，但可以肯定的是，《汉谟拉比法典》中有不少内容就来自于苏美尔人的法典。而苏美尔人所使用的楔形文字、从右向左的书写顺序，不仅没有随着苏美尔人的消亡而中断，反而被他们的敌人亚述人、巴比伦人等继承下来，并影响了后来西方希腊字母的产生。

但是，这些最早把美索不达米亚带入文明社会的苏美尔人却是一个外来的民族，他们的长相、语言、生活习俗、宗教信仰，都与他们的邻居截然不同。从他们的建筑习惯来看，苏美尔

人喜欢在平原上堆起土丘，然后在土丘上面建起神庙。苏美尔的富人们也常在山顶上建起堡垒或大厦。甚至在苏美尔人消亡多年后，犹太人来到巴比伦时，仍会看到这些耸立在绿色平原上的奇怪矮丘。这表明，苏美尔人可能原先居住在山林中。后来，他们虽然为了追求肥沃的土地和舒适的生活而离开了山林，但是却没

有抛弃他们的习俗。所谓"江山易改，本性难移"，他们仍然喜欢在平原上堆筑起无数小山般的矮丘。

在苏美尔人的遗址中，人们还发现了大量圆柱形的印章。它们大多由贵重的金属或玉石制成，外面刻上了精美的图案和文字这样的印章在印度河流域也曾大量发现，这表明苏美尔文明与印度河文明间又存在着某些联系。到底是苏美尔人来自南亚印度还是印度河文明传自西亚，我们目前尚不能确定。而

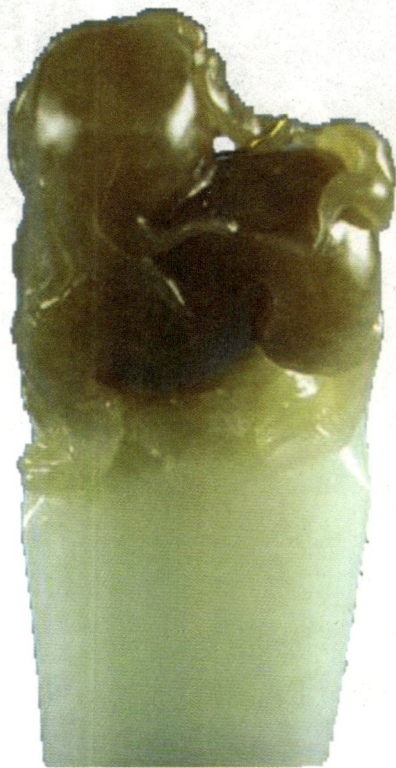

且苏美尔人的语言还与汉语有些相似，里面含有不少汉语的语音。另有一些学者根据考古发掘断定，苏美尔人来自中亚高加索或亚美尼亚，他们沿着底格里斯河和幼发拉底河一路南下，最后进入美索不达米亚。然而，根据苏美尔人的传说，他们的祖先是从海外（或者埃及）来到这里的。也许，随着进一步的考古发掘，我们会对苏美尔人有更深的了解。

十二生肖之谜

十二生肖，也称十二属相，是我们的先民在中华大地上与天地、禽兽争夺生存权利的产物，它是先民借用自己熟识的动物称谓，来命名、计时、标记出生年月日的一种综合性民俗。

◆ 十二生肖起源

作为一种古老的民俗文化，十二生肖的起源，一直以来都众说纷纭。有人认为，它是古代华夏族的纪年法与少数民族纪年法相互融合的结果。据史籍记载，我国从尧舜时代就开始使用甲乙丙丁等十个天干符号与子丑寅卯等十二个地支符号配合而成的"干支纪年法"。在相当长的历史时期里，中原的华夏族没有以动物配地支的纪年法；而我国西部、北部等少数民族由于

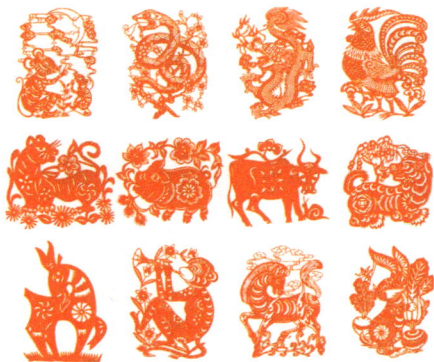

长期过着游牧生活，动物成了他们最常见、最基本的生活资源，因此很多事情都用动物来表示或指代，以动物来纪年的方法就是这些游牧民族在和各种动物打交道的过程中创造出来的。

第二种说法则认为，十二生肖不是华夏族与少族民族的历法相融合的产物，而是华夏族自己在长

期发展过程中形成的"特产"。中国古代有所谓十二辰的概念，就是把黄道（即古人想象中的太阳周年运行的轨道）附近的天空分成十二等分，由东向西配以子

丑寅卯等十二支，以此来纪年。古时候受图腾崇拜的影响，人们总是习惯于把各种自然现象同动物形状或别的神奇的东西联系起来，因此在天文学上，就有巨蛇、孔雀、狐狸、狮子、天猫、蝎虎、飞马等星座名称。在这种心理支配下，人们也完全可能用一些动物的名称来配合抽象的子丑寅卯等十二地支，从而形成子鼠、丑牛、寅

虎等十二生肖。

以上两种说法，都认为十二生肖起源于中国。不过，也有人认为十二生肖是从印度传入的。日本《文艺春秋》一书曾作过一番比较，认为印度的十二生肖一览表与中国的相同，只是其中的狮子在中国改成了老虎。该书解释说，印度语中有发音为"懈勒"的一个名词，表示狮子与老虎两个意思，所以在十二生肖中，狮子与老虎并没有什么差别。其实，我国早就有人提出过这种看法，并且还指出过《文艺春秋》所没有指出的一个不同之处：中国十二生肖中的鸡，在印度十二生肖里是金翅鸟。研究者根据印度古代典籍的有关记载，认为十二生肖的动物形象原是12位印度神将所驾驭的禽兽：招杜罗神将驾鼠，毗羯

据这种生肖外来说的观点，生肖是在汉代由中东传入中国的。但是，有关的文献中记载可以证明早在春秋时期我国便有有关生肖的记载（《日书》《诗经》），这说明生肖的产生以及生肖与地支的相配早在汉代以前就产生了，因此可以肯定十二生肖是产生于我国本土的一种古老文化。

关于十二生肖的来历，在我国民间也流传着许多传说。有的说，轩辕黄帝要选12个动物担任宫廷侍卫，动物纷纷报名，猫托

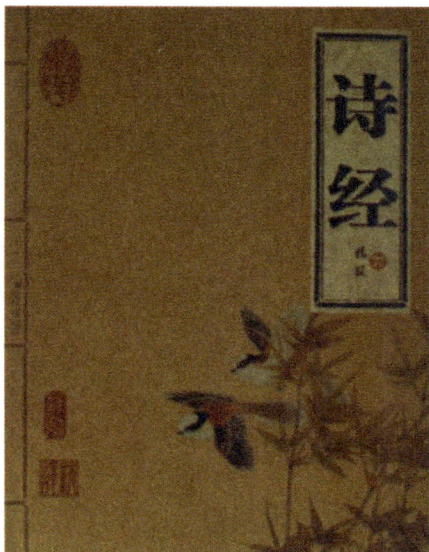

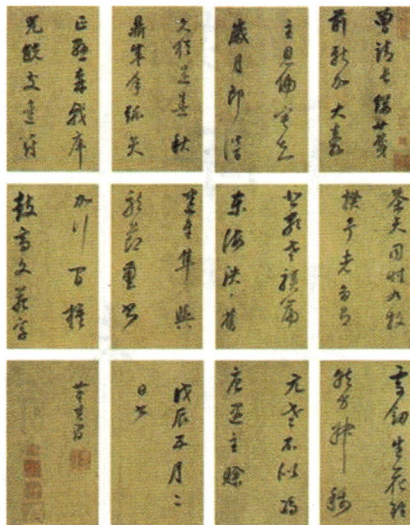

罗神将驾牛，宫毗罗神将驾狮或虎，伐折罗神将驾兔，迷企罗神将驾龙，安底罗神将驾蛇，安弥罗神将驾马，珊底罗神将驾羊，因达罗神将驾猴，波夷罗神将驾金翅鸟，摩虎罗神将驾狗，和真达罗神将驾猪。由于印度的地理环境、物产资源与中国不同，所以金翅鸟到中国后改成了鸡。但即使如此，我们从鸡的身上还能依稀看得到金翅鸟的形象。印度十二生肖中有十一个与中国的生肖动物完全相同，所以他们认为中国的十二生肖来源于印度。根

老鼠代为报名，但老鼠忘了，所以十二生肖中没有猫；也有的说，某次动物比本事，最后剩下武艺高强的象、鼠、牛等13位，老鼠钻进象鼻，弄得大象狼狈而逃，于是就有了鼠为第一的十二生肖。

◆ 十二生肖的形成

那么，十二生肖是怎么形成的呢？有的学者认为十二生肖起源于原始时代的动物崇拜，中国科技大学张秉伦先生便持这一观点。他认为在原始社会生产力低下、认识自然能力极其有限的情况下，牲畜的存在，对我们的祖先来说是性命攸关的大事。他们对与自己生活息息相关的动物产生一种依赖感（如马、羊、牛、鸡、犬等），对危害自身安全的

动物产生一种恐惧感（如虎、蛇），对一些超过人类的动物器官功能产生崇敬感（如狗的嗅觉等）。在既要以这些动物为食，又要对它们顶礼膜拜，祈祀它们能茁壮成长，为人类提供源源不绝的食物、用品的矛盾心理的影响下，就产生了最早的动物信仰禁忌、图腾崇拜。十二种生肖动物便是人们在动物崇拜的原始信仰影响下而产生的用来纪年、纪月的兽历。

毫无疑问，人类最初所崇拜的当然是那些最常见的、与人们生活关系最密切的动物，如牛马犬羊鸡狗之类。在原始祖先们看来，它们的价值几乎和人的生命一样重要，这在后期流传的俗信中可见一斑。据南朝时期宗懔编写的《荆楚岁时记》记载，那时民间还将一年之中最新、最美好的日子让位于一些熟悉的动物：大年初一是鸡生日，初二是狗生日，初三是猪生日，初四是羊生日，初五是牛生日，初六是马生日，人类对自己却很谦让，初七为人生日。现实生活中，下贱的普通动物被尊为人之上的生灵：朴素的民俗观念，通过形象的譬喻，透现出一个马克思概述的哲理，人类生存的历史前提，是那些供人生存的物质生活本身。远古年代对动

物的崇拜，是我们的祖先在长期的生产和生活实践过程中所产生的一种感受和意识。

◆ 十二生肖动物含义

生肖中的十二种动物的选择并不是随意的，而是都有一定的涵义。人们的选择出于不同的角度，并带有一定的意义，它们是与人类的日常生活和社会生活联系最紧密

的。我们大致可以把十二种生肖动物分为三类：一类是已被驯化的"六畜"，即牛、羊、马、猪、狗、鸡，它们是人类为了经济或其他目的而驯养的，占十二种动物的

一半。"六畜"在中国的农业文化中是一个非常重要的概念，有着悠久的历史。在中国人的传统观念中，"六畜兴旺"代表着家族人丁兴旺、吉祥美好，因此这六畜成为生肖是有其必然性的。第二类是野生动物中为人们所熟知的，与人的日常、社会生活也有着密切关系的动物，它们是虎、兔、猴、鼠、蛇，其中有为人们所敬畏的介入人类生活的，如虎、蛇；也有为人们所厌恶、忌讳，却依赖人类生存的鼠类；更有人们所喜爱的，如兔、猴。第三类是中国人传统的象征性的吉祥物——龙，龙是中华民族的象征，是集许多动物的特性于一体的"人造物"，是人们想象中的"灵物"。龙代表富贵吉祥，是最具象征色彩的吉祥动物，因此生肖中当然少不了龙的位置。

当然，关于生肖的来历，还存在一些猜测，等待着人们去探索。

诺亚方舟之谜

圣经中上帝对诺亚说："你要用歌斐木（柏木）造一只方舟，分一间一间的造，里外抹上松香。方舟是要长300肘（古代长度单位，1肘＝0.44米），宽50肘，高30肘……把你和你的全家都要进入方舟，凡是洁净的畜类，你可以带七公七母；不洁净的畜类，你可以带一公一母；空中的飞鸟，也可以带七公七母；也可以留种，将来在地上生殖。因为再过7天，我要在地上降雨40昼夜，把我造的所有活物，都从地上除灭"。诺亚遵从了上帝的吩咐。过了7天，洪水果然泛滥，大渊的泉源都裂开了，天上的窗

户也都敞开了。水势在地上极其浩大，天下的高山都被淹没了。7月17日，方舟停在亚拉腊山上。

◆ 诺亚方舟传说

　　诺亚方舟是出自圣经《创世纪》中的一个引人入胜的传说：

　　由于偷吃禁果，亚当夏娃被逐出伊甸园。亚当活了930岁，他和夏娃的子女无数，他们的后代子孙传宗接代，越来越多，逐渐遍布整个大地。此后，该隐诛弟，揭开了人类互相残杀的序幕。人类打着原罪的烙印，上帝诅咒了土地，人们不得不付出艰辛的劳动才能果腹，因此怨恨和

恶念与日剧增。人们无休止地相互厮杀、争斗、掠夺，人世间的暴力和罪恶简直到了无以复加的地步。

　　上帝看到了这一切，他非常

后悔造了人。对人类犯下的罪孽心里十分忧伤。上帝说："我要将所造的人和走兽昆虫以及空中的飞鸟都从地上消灭。"但是，

他又舍不得把他的造物全部毁掉，他希望新一代的人和动物能够比较听话，悔过自新，建立一个理想的世界。在罪孽深重的人群中，只有诺亚。上帝认为他是一个义人，很守本分；他的三个儿子在父亲的严格教育下也没有误入歧途。诺亚也时常告诫周围的人们，应该赶快停止作恶，从充满罪恶的生活中快点摆脱出来。但是人们对他的话都不以为然，继续我行我素，一味地作恶享乐。

上帝选中了诺亚一家，诺亚夫妇、三个儿子及其媳归，作为新一代人类的种子保存下来。上帝告诉他们七天之后就要实施大毁灭，要他们用歌斐木造一只方舟，分一间一间的造，里外都抹上松香。这只方舟要长300肘古代长度单位一肘＝0.44米、宽50肘、高30肘。方舟上边要留有透光好的窗户，而且旁边要开一道门；方舟要分上中下三层；他们立即

照办。上帝看到方舟造好了，就说："看那里，我要使洪水在地

上泛滥，毁灭天下，凡地上有血肉、有气息的活物无一幸免。我却要和你立约，你同你的妻子、儿子、儿媳都要进入方舟。凡洁

净的畜类，你要带七公七母；不洁净的畜类，你要带一公一母；空中的飞鸟也要带七公七母。这些都可以留种，将来在地上生殖。"2月17日那天，诺亚600岁生辰，海洋的泉源都裂开了，巨大的水柱从地下喷射而出；天上的窗户敞开了，大雨日夜下个不停，降了整整40天。水无处可流，迅速上涨，比最高的山巅都还要高出15肘。凡是在旱地上靠肺呼吸的动物都死了，只留下方舟里的人和动物的种子安然无恙。

方舟载着上帝的厚望漂泊在无边无际的汪洋上，上帝顾念诺亚和方舟中的飞禽走兽，便下令止雨兴风，风吹着水，水势渐渐消退。诺亚方舟停靠在亚拉腊山边。又过了几十天，诺亚打开方舟的窗户，放出一只乌鸦去探听消息，但乌鸦一去不回。诺亚又把一只鸽子放出去，要它去看看地上的水退了没有。由于遍地是水，鸽子找不到落脚之处，又飞回方舟。七天之后，诺亚又把鸽子放出去，黄昏时分，鸽子飞回来了，嘴里衔着橄榄叶，很明显是从树上啄下来的。再过7天，诺亚又放出鸽子，这次鸽子不再回来了。

诺亚601岁那年的1月1日，

地上的水都退干了。诺亚开门观望，地上的水都退净了。直到2月27日，大地全干了。于是，上帝对诺亚说："你和妻儿媳妇可以出舟了。你要把和你同在舟里的所有飞鸟、动物和一切爬行生物都带出来，让它们在地上繁衍滋长吧。"于是，诺亚全家和方舟里的其他所有生物，都按着种类出来了。后世的人们就用鸽子和橄榄枝来象征和平。这就是"诺亚方舟"故事的由来，虽然是个传说，但《圣经》中记载的很多事情后来都被证实是真实的，譬如，在一次战争中，一位军官根

据《圣经》中的记载，成功地找到了大山里的一条秘密小道，并通过这条小道突然出现在敌人面前，取得巨大胜利。如果能证明"诺亚方舟"也是真实的，那么这个发现肯定将在全世界引起轰动。所以，很多年以来，许多国家的圣经考古学家都希望揭开这个千古之谜。

◆ 诺亚方舟之谜

由《圣经》的记载来推算，方舟是一只排水量43000吨的巨大木箱。按《创世纪》第八章所载，方舟最后停靠在土耳其东部

的亚拉腊山上。过去虽然有不少方
舟被发现的传言出现，但都仅止于
传言。

近年来，有一种说法，认为方
舟搁浅在亚拉腊山脉面向黑海的一
个山坡上，而且很可能因为黑海水
位暴涨而沉入黑海海底。这个说法
引起了美国深海探险家罗伯特·巴
拉德博士的高度兴趣，他在接受媒
体采访表示，他很小就被"诺亚方
舟"的故事深深地吸引，特别是他
在深海探险方面取得一定成就后，
只要一提起方舟，就激动不已，希
望自己有机会探寻方舟的下落。所
以当听说"方舟可能沉入黑海海
底"这个大胆的推测后，他就决定

亲自到黑海去探个究竟。

巴拉德曾在地中海海底找到了

巴拉德

古罗马帝国和腓尼基的船只，假如
他能在黑海海底寻获方舟，这将会
是一件轰动全球、甚至载入史册的

重大发现。假如方舟零真沉入了黑海海底，那么它可能还完好如初。在近东和中东一带的古文明中，都有关于大洪水的记载，古巴比伦、希腊及罗马也有类似诺亚一家人获救的故事流传，但地质学家从未发现任何有关全球性大洪水的证据。有人认为诺亚方舟不过是一项古老的传说，然而科学家却根据黑海一带的自然环境推断，当地的确可能发生过毁灭性的大洪水。

科学家推算地球最近一次冰河时期，是在12000年前达到巅峰，那时全球海平面要比现在低很多，而黑海只是一个淡水湖，与地中海间隔着一个天然的堤坝，这个堤坝就是横跨今天土耳其境内的博斯普鲁斯海峡。随着各地冰河融解消褪，全球海平面跟着升高，而地中海与黑海的

水位落差逐渐被拉大到500米左右。后来，可能是一场大雨或一

场地震，使两者间的堤坝垮掉，地中海的海水以200倍于尼加拉瀑布的水量及冲力涌入黑海。两年后，地中海和黑海的水位才达到平衡。今天，黑海和地中海虽有一个水道相通，但黑海基本上是个封闭的水域，多瑙河、聂伯河及顿河的水不断流入，在它的上层形成一个淡水带，在这个区域内有丰富的鱼产和其他生物；黑海下层则是咸水带，这个咸水带不同于一般海洋下层有海流相通，而是呈停滞状态，因而形成了特殊的"无氧"环境。理论上，在这种无氧环境下几乎不可能有生物存在，所以任何物品、沉船甚至人体遗骸一旦下沉到这个水域，就好像被扔进一个真空储物柜一样，永远不会腐烂。按圣经所载，方舟是用"歌斐木"造的，假如方舟最后落到黑海海底，那么它很可能依然完好如初。

知识百花园

"异物"的照片

　　1919年，公众终于见到了第一张诺亚方舟的照片：这张照片是由俄国飞行员罗斯科维斯基拍摄的，上面可以隐约看出冰川下一个模糊的暗色斑点。而这以后利用雷达和深层探测器进行的地质考察，却显示这个斑点只是亚拉腊地区岩石共有的一种异常结构。对诺亚方舟的寻找在80年代末90年代初又重新开始。由于军事档案的解密，美国政府公布了由埃罗斯卫星和U-2间谍飞机拍摄的照片。这些照片显示在3000米高空可隐约看到亚拉腊山俄国一侧山坡终年冰层下的"异物"（专业术语称为"凸起"）。

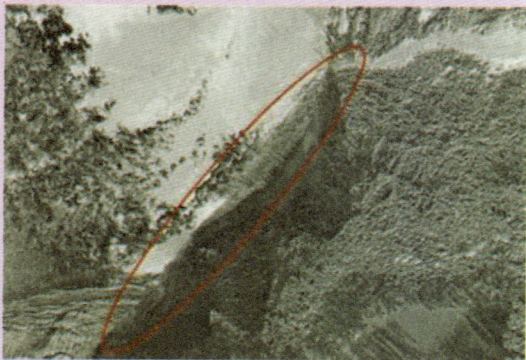

　　但是，这些照片究竟说明了什么呢？支持诺亚方舟理论的人十分肯定：这就是诺亚方舟。实际上也的确存在着一些奇怪的巧合：这个"异物"距纳瓦拉找到那块木头的地方只有几百米，而那块木头是在位于"阿赫拉峡谷"附近的埃奇米阿津修道院找到的。可是，在地质学家和美国中央情报局看来，这可能是在公元1000年左右爆发过的一个火山口，或者是由于终年冰川中一块巨大的冰下滑而导致的不正常

的积雪堆积。

然而这并非是对诺亚方舟存在论的唯一反驳。所有的反驳意见中最重要的一点是，这样一场洪水要淹没一座高5000米的山脉是绝对不可能的。但是，认为诺亚方舟停靠在亚拉腊山的人反驳说，大洪水过后，在公元前3000年，一些难以置信的地壳构造运动可能将这个山脉抬高了。于是亚拉腊山，尤其是西坡的帕罗特冰川、东北坡的阿赫拉峡谷和阿比科二号冰川成为了研究人员偏爱的地方。

诺亚方舟是真的存在，还是纯属虚构？诺亚方舟是不是停在亚拉腊山？为了揭开亚拉腊山诺亚方舟之谜，弗吉尼亚州里士满大学继续教育学院副教授鲍彻·泰勒追踪研究长达13年之久。泰勒教授还把卫星遥感技术运用到研究之中，称自己进行的是"卫星考古工程"。根据飞机航拍、侦察卫星以及商业用遥感飞行器拍摄到照片，人们发现亚拉腊山山腰处有一处"不规则区域"。引起人们极大兴趣的这片

"不规则区域"位于亚拉腊山西北角海拔4663米处，几乎被冰川掩盖。泰勒声称"不规则区域"的长宽比例和诺亚方舟的长宽比例一样。

据创世纪中记载，诺亚方舟蓝图长300肘尺，宽50肘尺，长宽比为6：1。肘尺是古代的一种长度测量单位，等于从中指指尖到肘的前臂长度，或约等于17至22英寸（43至56厘米）。而卫星拍摄的照片显示。这一"不规则区域"的长宽比也是6：1。泰勒对这一发现持乐观态度。泰勒说快鸟遥感卫星拍摄的高清晰照片是"新的重大进展"。泰勒教授说"我把这项工作叫做"卫星考古工程"。参与这项考古工程的卫星阵容强大，包括快鸟遥感卫星、IKONOS卫星以及加拿大的"钥眼9"雷达卫星，而且泰勒教授还可以查看解密的美国情报机构的航拍和卫星照片。

泰勒教授说他的目标十分明确，那就是要综合所有的照片，使亚拉腊山之谜大白于公众，而且要经得起科学家、影像专家和其他专家的检验。泰勒说："1993年开始这项研究时，我没有先入为主的观念。"中情局解密的亚拉腊山全景照片中，有一张是"钥眼9"卫星于1973年12月20日拍摄的，上面有研究人员鲍彻·泰勒用红线标注出的"不规则区域"。之前中情局解密了55000多张世界各地的卫星照片，其中就包括这一张。红线标注的"不规则区域"位于亚拉腊山西北角海拔4663米处。虽然雷达卫星的成像精度可以达到8米，但雷达

卫星不是光学照相卫星，因此图中有硬物的无线电波反射。研究人员认为这"不规则区域"并不是阴影，红字的内容：雷达1卫星拍摄的"不规则区域"照片。

卫星影像分析专家罗德·弗兰兹对照片进行了分析，称不规则区域的表面有309米长。罗德·弗兰兹有过25年的军事情报照片分析经验，他说："我还发现不规则区域呈圆形。我不太清楚这说明什么，但是我觉得很奇怪。"泰勒还补充说如果再考虑长度，这个不规则区域要比泰坦尼克号和俾斯麦号大，应该和最大的现代化航母大小相当。泰勒希望通过自己的研究发现推动最终能够对亚拉腊山展开实地科考。

目前，科学家们已经利用卫星遥感技术取得了重大的考古发现：美国航空航天局科学家利用太空和飞行器上的遥感硬件和技术在中美洲的热带雨林深处发现了1000多年前的玛雅文化遗址。但是这一"不规则区域"到底是自然界地质奇观，抑或人类活动的遗迹，或者什么都不是，还有待研究人员进一步考证。

第三章

世界文化探究

文化是人类生活的反映，活动的记录，历史的积沉，是人们对生活的需要、要求、理想、愿望，是人们的高级精神生活。她是人们认识自然，思考自己，是人精神得以承托的框架。她包含了一定的思想和理论，是人们对伦理、道德和秩序的认定与遵循，是人们生活生存的方式方法与准则。文化的多样性发展要求既充分承认不同文化之间的差异性，尊重多元文化的历史传统、文化精神、价值取向和现实形貌，同时又能够宽容不同，并与异质文化容纳共处，从而形成一种"和而不同"的良性关系状况。无论是世界性的现代化进程还是多元文化的自身发展，都要求现代条件下的多元文化在保持其文化精神的前提下，能以更加开放的姿态采借吸纳异质文化的优质要素，从而也与时俱进地实现自身的文化变迁，这不仅是多元文化间的一种有效的文化调适，更是多元文化应对现代化进程、实现多元文化自主发展的有效方式和必然路径。本章我们将通过介绍《源氏物语》的作者、《天方夜谭》的背景、伊索与《伊索寓言》、《马拉之死》构图技巧、达芬奇与《蒙娜丽莎》、拉丁字母表的产生、秦兵马俑为谁而建、纳斯卡的地画、安徒生之谜、断臂维纳斯、巨人族传说和纸莎草纸等来共同探究世界文化的多样性。

《源氏物语》的作者

　　《源氏物语》是日本的古典名著，被誉为日本物语文学的高峰之作，有日本《红楼梦》之称，它比《红楼梦》问世早七百余年，是世界第一部长篇写实小说。作者紫式部的名字，不仅永载于日本文学史册，而且享誉世界文坛，1964年她被联合国教科组织选定为"世界五大伟人"之一。

　　紫式部（973—1014年），平安时代中期的日本女作家、歌作家。姓藤原，没有本名或者已经无可考证，紫式部只是后人给她写的作品上加题上的名字。她出身于满门书香气息的中等贵族家庭，父亲藤原为时是有名的中国文学学者，尤擅长和歌和汉诗。紫式部自幼跟父亲学习中国诗文和和歌，熟读中国典籍，并擅长乐器和绘画，不仅对白居易的诗有很深的造诣，而且还十分了解佛经和音乐，因而被大

紫式部

家称为才女。对佛经的了解也成为她信仰佛教的基础。她在大约22岁时和比自己年长20多岁、已有妻室子女的地方官藤原宣孝结婚，因而亲身体验了一夫多妻制家庭生活的滋味。可是，婚后仅仅3年，丈夫就逝世了。从此，她便依赖父兄生活。

《源氏物语》插画

在经过了十年的寡居生活后，她被选进宫做一位皇后的侍读女官，据说这篇小说就是她写给皇后供天皇消遣的读物。也正是因为创作了《源氏物语》，紫式部从此文名远扬，并受到藤原道长等高官显贵的器重。在宽弘二至三年（1005—1006年）间，她进入后宫，开始做藤原道长之女——一位天皇的中宫彰子的女官，为她讲佛以及传授《日本书纪》和《白氏文集》（注：居易）等汉籍古书。当时，她的官名为藤式部，后来才改称紫式部。有人提出，紫是《源氏物语》中的主人公的名字，而式部则源于她父亲的官名"式部丞"。

《天方夜谭》的梦景

《天方夜谭》是世界上著名的阿拉伯文学作品，又名《一千零一夜》，至今仍对世界各国人民有着深远的影响。"天方"来源于沙特阿拉伯麦加城内的"克尔白天房"的谐音，"夜谭"是指阿拉伯人喜欢夜间讲故事。我国古时称阿拉伯国家为"大食国"，明朝以后改称"天方国"，所以后来把《一千零一夜》译为《天方夜谭》。

《天方夜谭》是中古时期阿拉伯地区一部杰出的大型民间故事集。它并非出自一人之手，而是历代阿拉伯民间说书艺人反复加工创作的结果。大约在公元8世纪末，它开始在阿拉伯流传开来，定型成书则在公元16世纪。

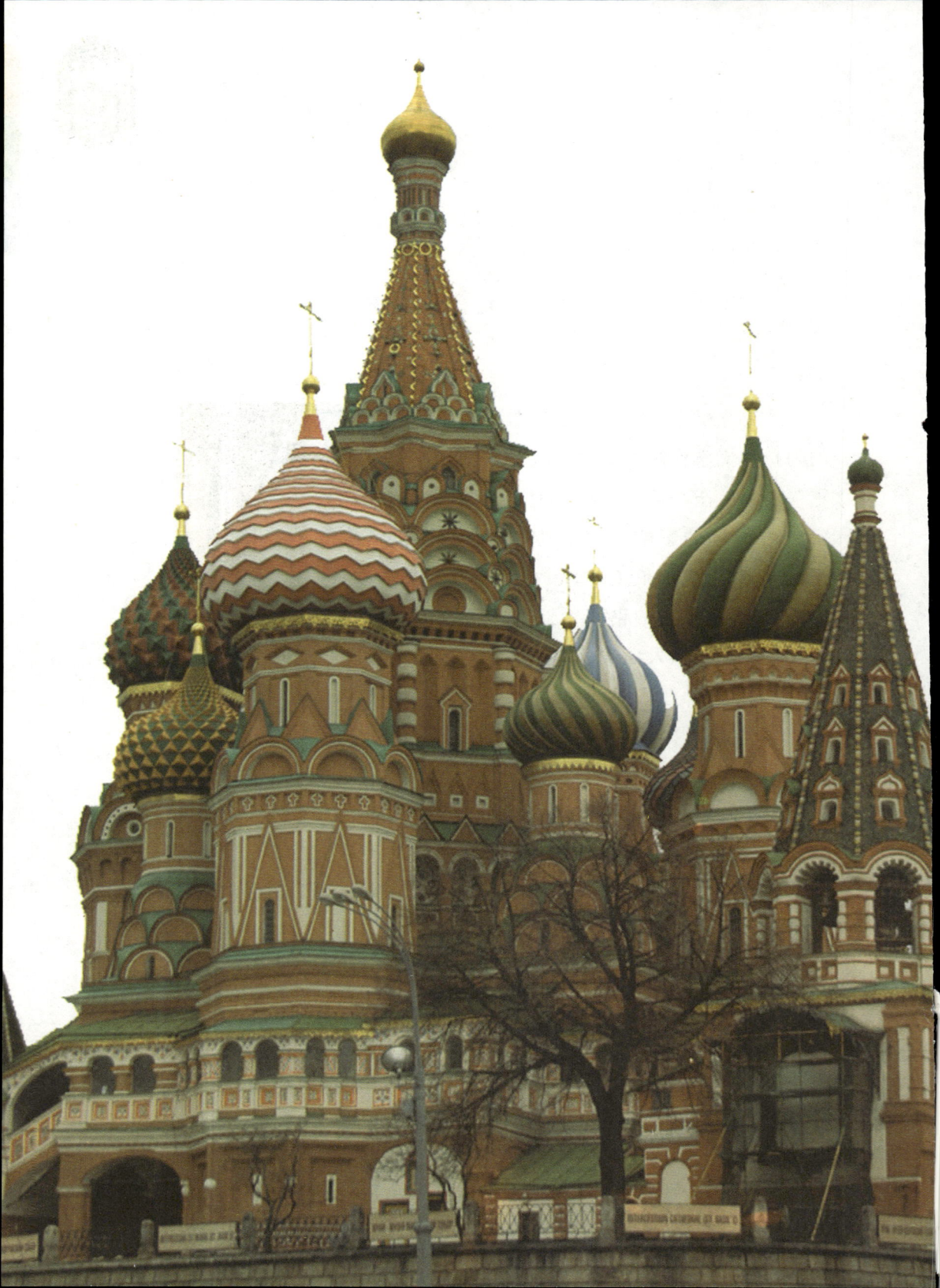

故事的最早来源，是一部名叫《赫扎尔·艾夫萨那》的波斯故事集。它卷帙浩繁的规模、绚丽多姿的画面、离奇突兀的情节、奇特诡异的幻想代表了古代阿拉伯文学的最高成就，吸引着一代又一代的东西方读者，焕发出经久不衰的魅力。它包罗宏富，不拘一格，童话、神话、寓言、笑话、历史故事、冒险故事、恋爱故事、奇闻轶事，应有尽有；天南地北，陆地海洋，无所不至；出场人物除各种神魔、精灵外，几乎涉及到社会上各个阶层和各种职业，诸如帝王将相、王子公主、商贾渔夫、裁缝僧人、贩夫走卒、工匠艺人、奴隶婢女……

无所不有；从各个不同时期，不同地域和不同角度反映了中世纪中东国家的社会制度、生活方式和人民的思想感情；描绘了一幅幅色彩斑斓的社会生活画面；是

762 年，伊斯兰教阿拔斯王朝建立了巴格达城市，这成为一个从埃及延伸至印度的伊斯兰教王国首都。当时最有权势的人是阿拔斯王朝第五任君主哈伦·阿拉悉。哈伦统治下的巴格达城很像是《天方夜谭》中许多故事的背景。巴格达是一个非常富有的城市，这里积聚了与东方贸易赚来的大量财富。传说巴格达太富有了，以致于在城中都不大能找到穷人，就好像在无神论者的家里找不到《古兰经》一样。但是有很多人并不认为《天方夜谭》的故事背景是巴格达城，他们认为有些曾受过哈伦礼遇的人想借《天方夜谭》来使哈伦和巴格达城永垂不朽。

一部颇有价值的研究阿拉伯古代社会史的参考资料，高尔基将其称为民间文学史上"最壮丽的一座纪念碑"。

关于《天方夜谭》的背景引起了很多人的兴趣。有人认为，《天方夜谭》中的故事并不是纯属虚构，或者说是出于丰富的想象力，这些故事都有一个真实的地方作为依据，而且在那个地方又确实曾经出现过故事中那些人物。

事实往往要比故事更出人意料：《天方夜谭》的故事背景，很像是中古时代的巴格达社会。公元

伊索与《伊索寓言》

◆ 伊　索

伊索生于公元前6世纪，是古希腊寓言作家。传说中他是个埃塞俄比亚黑人奴隶，"伊索"即是"埃塞俄"的谐音，后凭借聪明才智获得自由。他擅长于通过寓言来讽刺权贵，最后因"亵渎神明"而遭到杀害。他所讲述的寓言经过后人加工后，以诗和散文的形式发表出来，成为现在流传的《伊索寓言》，并被翻译成各种文字译本，对欧洲文学中的寓言创作影响很大。

◆ 《伊索寓言》

《伊索寓言》原名为《埃索波斯故事集成》，里面搜集了许多古希腊民间的讽喻故事，后来人们又加入了一些印度、阿拉伯及基

督教故事，到公元前3世纪左右时成书，现存有350余篇。这些小故事主要是讲受欺凌的下层平民和奴隶的斗争经验和生活教训的总结，在这些小故事中也蕴涵着一定的道理。其中许多故事可以说是家喻户晓，如"龟兔赛跑""狼来了""农夫和蛇""狼和小羊""狐狸吃葡萄"等等。

《伊索寓言》是世界上最古老的寓言故事总集，是世界上阅读人数最多的一本书，也是影响人类文化的100本书之一。《伊索寓言》来自于民间，所以较突出地反映了社会底层人民的生活和思想感情。其中的故事，篇幅短小、形式不拘，浅显的小故事中常常闪耀着智慧的光芒，爆发出机智的火花，蕴涵有着深刻的教训和哲理，其中有对富人贪婪自私的揭露，有对恶人残忍本性的鞭挞，有对劳动创造财富的肯定，有对社会不平等的抨击，有对懦弱、懒惰的讽刺，有对勇敢斗争的赞美……还有许多寓言，教人如何处世、如何做人，怎样识别是非好坏、怎样变得更加聪明智慧。

明朝时期，《伊索寓言》传入我国。第一个来我国的西方传教士利马窦在中国生活期间写过《畸人十篇》，其中便介绍过伊索以及《伊索寓言》。后来，另一个传教士庞迪也在《七克》中介绍、引用过《伊索寓言》。1625年，西安刊印的《况义》是我国第一个《伊索寓言》译本。清代之后，不同版本的《伊索寓言》译本开始大量出

现。由此可见，《伊索寓言》在我国流传已久，至今仍然令人爱不释

手，足可见其不凡的魅力。

《伊索寓言》不仅寓意深刻，而且在艺术处理上也很成功。《伊索寓言》的故事一般结构比较简单，但形象鲜明、生动，寓言自然、深刻。《伊索寓言》中除少数寓言以人为主要角色外，绝大部分是以动物为主角的，通过把动物拟人化来表达作者的某种思想。这些虚构的动物故事让人觉得很自然、逼真。《伊索寓言》中的动物除个别之外都是没有固定的性格特征的，例如狐狸、狼等，有时被赋予反面性格，有时又受到肯定。这与后代寓言形成的基本定型的性格特征有所不同。

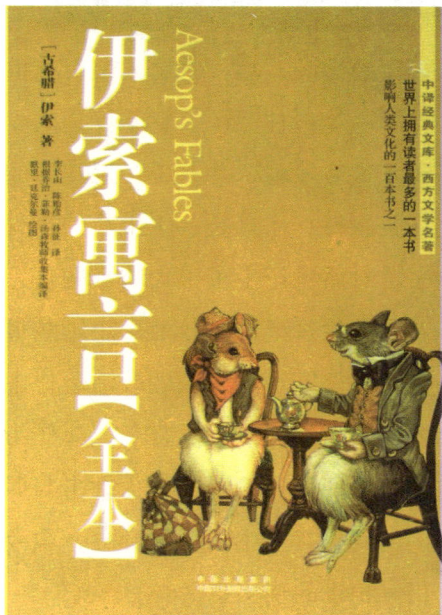

《伊索寓言》被誉为西方寓言的始祖，它的出现奠定了寓言作为一种文学体裁的基石。两千多年来，《伊索寓言》为寓言创作奠定了基础，并对其后的欧洲寓言发展产生了极其深远而广泛的影响，一再成为后世寓言创作的蓝本。公元1世纪的古罗马寓言作家费德鲁斯直接继承了伊索寓言传统，借用了

《伊索寓言》中的许多故事，并称自己的寓言是"伊索式寓言"。公元2世纪的希腊寓言作家巴布里乌斯则更多地采用了伊索的寓言故事。这种传统为晚期古希腊罗马寓言创作所继承。文艺复兴以后，对《伊索寓言》抄稿的重新整理和印行极大地促进了欧洲寓言创作的发展，如拉封丹的《龟兔赛跑》、克雷洛夫的《狐狸和葡萄》等都直接采用《伊索寓言》中的题材，经过艺术加工而成。

《伊索寓言》是古希腊人生活和斗争的概况、提炼和总结，是东西方民间文学的精华，劳动人民智慧的结晶，是古希腊人民留给世界的一笔精神遗产。它不仅是向少年儿童灌输善、恶、美、丑观念的启蒙教材，而且是一本生活的教科书，对后世产生了很大的影响。它对西方伦理道德、政治思想影响最大，甚至在世界各国的政治著作中也常常引用《伊索寓言》，或作为说理论证的比喻，或作为抨击与讽刺的武器。书中的精华部分，至今仍有积极的现实意义。

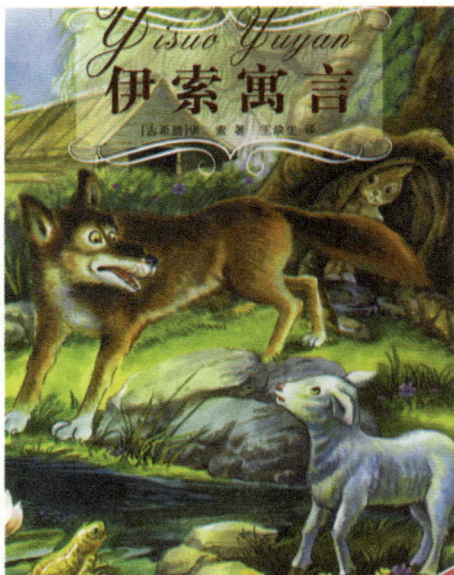

《马拉之死》构图技巧

　　《马拉之死》是法国新古典主义绘画大师雅克·路易·大卫（1748—1825年）的传世之作，它以真实的细节成功地再现了人民之友——马拉遇刺身亡的情景。

　　让·保尔·马拉是18世纪法国资产阶级革命时期著名的革命家，也是雅各宾派的主要领导人之一。由于他积极鼓吹暴力革命，坚决反对右翼吉伦特派的妥协投降政策，因而遭致吉伦特派残余分子的嫉恨，他们一直希望用卑鄙的手段除掉马拉。1793年7月13日，马拉在家中被暗杀。马拉被刺的消息传出后，群情激愤。法国新古典主义大师雅克·路易·大卫是雅各宾派的支持者，得到消息后他强抑悲痛，用画笔画下了马拉被刺的情景。

　　3个月后，著名的题为《马拉之死》的油画开始在卢浮宫公开展出。在《马拉之死》中，大卫突破了当时绘画所崇尚的古典主义传统。在这幅画中，赤裸着上半身的

马拉倒在浴缸中，脸上显出濒于死亡的表情，包着浅黄色头巾的脑袋斜靠在身后的家俱上，鲜血正从胸肋部流下，染红了身下洁白的浴巾。马拉右手握着的鹅毛管笔无力地垂落在浴缸外，旁边即是致他于死地的匕首。左手拿着凶手所写的便条搁在浴缸边的桌子上，便笺上写着："1793年7月13日，玛

丽·安娜·夏洛特·科黛，致公民马拉：我十分不幸，为指望得到你的仁慈，就足够了。"浴缸边的木柜上放置着墨水瓶、鹅毛管笔和马

拉生前写的一张附有纸币的信笺，笺上写道："请将这份钱转给一位有着5个孩子的母亲，她丈夫已为国捐躯。"木柜正面还有"献给马拉，大卫"的题词，整个画面有力地表现了革命家马拉生活的简朴、工作的勤奋以及为共和国忘我献身的高贵品质，揭示了法国大革命时代的英雄内容和精神。

人们一致称赞此画艺术地再现了马拉的崇高形象，以真实的细节成功地表现了马拉遇刺身亡的情景。但对这幅画的构图技巧，大家有着各自不同的理解。绝大多数人认为，大卫采用了写实的手法，把马拉生前常常在浴缸中工作这一典型场景作为创作素材。原来，在法国大革命初期，为了使《人民之声》报道及时出版，和躲避反动分

子的迫害，马拉不得不经常在穷
苦人家的地窖和城外采石场的洞
穴等阴暗潮湿的环境下写作，因
此染上了严重的湿疹，并蔓延到
全身，为了减轻病痛，同时不影
响工作，他每天不得不泡在带有
药液的浴缸里。同时，作为国民
公会代表的马拉重任在肩，每天
必须处理大量公务，为此他就在
浴室放了一张小办公桌。画家就
是根据这个情况构思创作的。而
且，大卫本人也说过："在马拉
被刺前几天，我被派去访问他。
他在浴缸中的情景使我惊讶。浴
缸旁边有一只木墩，上面放着墨
水瓶和纸，浴缸外的手却在书写
关于人民福利的计划。我认为，
把马拉为人民而操劳的生活情景
展示给人民是有益的。"

　　但是，也有人认为该画的创
作构思并非如此，大卫如此构图
与马拉所得的疾病没有丝毫关
系。据说，为马拉遗体做防腐处
理的医生断定，马拉患的是麻风

病而不是湿疹。所以大卫在绘制
《马拉之死》时只不过是借鉴参
考了同年前些时候他为另一位革

命英雄勒佩蒂埃所作肖像画的画法。勒佩蒂埃生前也是国民公会代表，遭反动分子暗杀后，大卫也曾为他画像。画面中死者赤裸着上身倒在床上，致命的伤痕清晰可见，造型单纯明确，意境极为崇高，艺术处理非常成功。所以，大卫决定以同样的手法来塑造马拉为革命献身的英雄形象，只不过不同的是这次马拉是死在浴缸中。另外，还有一些艺术史学家们主张应从纯艺术的角度来看待这个问题。他们认为大卫不仅是新古典主义画派的巨擘，而且又是一个写实派画家，正是这种双重性决定了《马拉之死》的艺术构思。

《马拉之死》享誉画坛已近两个世纪，而后人对大卫当初为何如此构图却一直众说纷纭。迄今为止，人们还没发现画家本人就此问题所作的详细说明，种种观点谁是谁非，至今还很难下结论，至于真相，则需要后人继续探索。

达·芬奇与《蒙娜丽莎》

◆ 达·芬奇

　　达·芬奇，全名为列奥纳
多·达·芬奇。很多人都知道，他
是意大利文艺复兴时期的一位画界
奇才，也是整个欧洲文艺复兴时期
最杰出的代表人物之一。1452年4
月15日，在佛罗伦萨郊区托斯卡纳
的芬奇附近，这位巨匠来到人间。
他在少年时已显露出艺术天赋，15
岁左右到佛罗伦萨的韦罗基奥的作
坊里拜师学艺，1472年他加入了画
家行会，到了70年代中期的时候，
其画作的个人风格已趋于成熟，并
逐渐成长为具有科学素养的画家。
1482年他应聘到米兰后，到1499年
间一直在米兰工作，主要为米兰公
爵服务，在贵族宫廷中进行创作和
研究活动，这期间他进行了广泛的
艺术和科学活动，《岩间圣母》就

是达·芬奇在这段时期创作的最有名的代表作。1513年起他在罗马和佛罗伦萨等地漂泊。1516年侨居法国，1519年5月2日病逝。

达·芬奇与米开朗琪罗、拉斐尔并称为文艺复兴三杰，尤以《最后的晚餐》和《蒙娜丽莎》等画驰名。他的艺术成就奠基于他在光学、力学、数学和解剖学等自然科学的研究。达·芬奇不仅思想深邃、学识渊博，是个多才多艺的美术家，而且他还博学多才，在数学、力学、天文学、光学、植物学、动物学、人体生理学、地质

学、气象学以及机械设计、土木建筑、水利工程等方面都有不少创见或发明，可以当之无愧地被称为雕塑家、建筑家、军事工程师、科学家、科学巨匠、文艺理论家、大哲

学家、诗人、音乐家和发明家。在达·芬奇的图纸里，人们可以找到现代电脑、汽车、直升飞机、降落伞、飞机、战车的始祖……可以说，达·芬奇拥有所有才华。

随着时间的流逝，达·芬奇的形象在人们的脑海中日渐模糊，但他笔下的蒙娜丽莎却将他永远留在了人们的心中。蒙娜丽莎那永恒的微笑，成为世人记忆深处永不褪色的风景。

◆ 《蒙娜丽莎》

《蒙娜丽莎》是达·芬奇的代表作，创作于1503年，完成于1506年，前后历经四年的时间。画中的蒙娜丽莎端庄娴静、高贵优雅。她静静地坐在扶手椅中，薄薄的黑

纱蒙住微有波纹的粟色秀发，轻掩面颊，复盖于肩上，再由肩至肘缓慢垂落，直达交搭的双手。她的嘴角微微上翘，微笑似乎从整个脸上荡漾开去。

500年来，人们一直在试图破解《蒙娜丽莎》神秘的微笑。"一千个人眼中有一千个蒙娜丽莎"，每个人对蒙娜丽莎的感受不同，而同一个人在不同的心境下去欣赏蒙娜丽莎，所得的感受也不同。有的人认为蒙娜丽莎脸上的笑是委婉的，她的内心是平静愉快的，她那微微上翘的嘴唇便是明证；有人认为，蒙娜丽莎的微笑中含着淡淡的忧伤；还有人认为，蒙娜丽莎正沉浸在对往事的回忆中，并没有一点笑意……蒙娜丽莎谜一般的微笑成为世人所争议的焦点，从而也为她蒙上了一层神秘的色彩，也正因为如此这幅画成为了艺术界无法超越的高山。

在一幅画中，光线的变化不

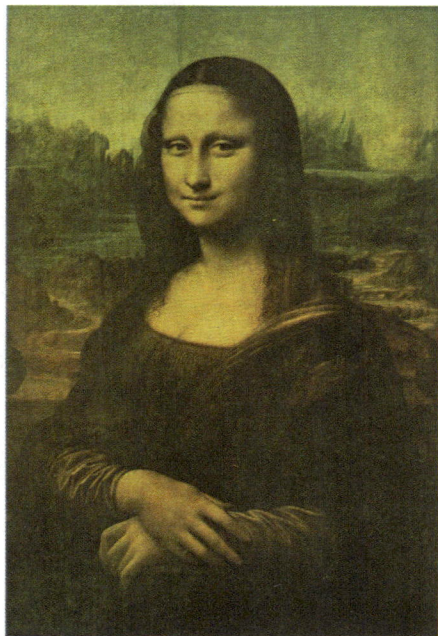

像在雕塑中那样会产生很大的差别。但在蒙娜丽莎的脸上，微暗的阴影时隐时现，为她的双眼与唇部披上了一层面纱。人的笑容主要表现在眼角和嘴角上，达·芬奇却偏把这些部位画得若隐若现，没有明确的界线，因此才会有这令人捉摸不定的"神秘的微笑"。

哈佛大学神经科专家利文斯通博士研究后认为，蒙娜丽莎的微笑时隐时现，其实与人体视觉系统有关，而不是因为画中人的表情神秘莫测。作为视觉神经活动方面的权威，利文斯通博士主要研究眼睛与大脑对不同对比和光暗的反应。他说："笑容忽隐忽现，是由于观看者改变了眼睛位置。"他表示，人类的眼睛内有两个不同部分接收影像。中央部分（即视网膜上的浅窝）负责分辨颜色、细致印记。环绕浅窝的外围部分则留意黑白、动作和阴影。据利文斯通说，当人们

看着一张脸时，眼睛多数集中注视对方的双眼。假如人们的中央视觉放在蒙娜丽莎的双眼，较不准确的外围视觉便会落在她的嘴巴上。由于外围视觉并不注重细微之处，无形中突出了颧骨部位的阴影。这样，笑容的弧度便显得更加大了。而如果直视蒙娜丽莎的嘴巴，中央视觉就不会看到阴影了。利文斯通说："如果看着她的嘴巴，便永远无法捕捉她的笑容。"蒙娜丽莎的笑容若隐若现，正是人们的目光不断转移的结果。

几百年来，"微笑"的新解层出不穷。有人说，微笑不露皓齿是因为原型虽典雅美丽却口齿不齐；也有人说，原型因爱女夭折，忧郁寡欢，所以难掩凄楚之态，甚至有很多更为荒唐的解释，种种说法，不一而足。不过，无论如何，《蒙娜丽莎》带给了人们无限美好的遐想。同时，她也是一个永远探讨不完的问题。时间的推移并没有解决人们心中的疑团，相反随着研究的深入，却出现了更多的疑惑，留给后人去探索。

拉丁字母表的产生

拉丁字母表是拉丁语的基本组成部分，它原先有20或21个字母，在古典拉丁语时代有23个，从中古拉丁语时代起有26个，在实际使用中为了书写包括英语在内的许多其它语言而经常作些小小的变动。拉丁字母表现在已经成为全世界字母表中使用最广泛的一种。

◆ 历史渊源

中国四大发明中的三种——火药、指南针和印刷术传入欧洲后，为地理大发现和其后的产业革命提供了不可缺少的条件，促进了历史的演变。跟中国的三大发明一样，拉丁字母表是罗马文明对世界文化的一大贡献。由于拉丁字母表的产生，罗马人不仅把拉丁语和拉丁文化普及到当时多民族的意大利全境，而且加速了此后罗马帝国境内各民族的罗马化进程。进入中

世纪以后，拉丁字母表不仅被罗曼语族各国的语言（意大利语、西班牙语、法语和罗马尼亚语）以及日耳曼语族的某些语言（英语、德语等）所承袭，而且也为斯拉夫语族的天主教各国（波兰、捷克、克罗地亚等）所利用。拉丁字母表比其他语言文字的字母表有着更多的优点，我国现行的拼音文字便借用了拉丁字母。此外，医学和生物学的科学术语也大都用拉丁字母表示。

然而，拉丁文并不是古代最早的文字，拉丁字母表也不是世界上最早的字母表。应该说，拉丁字母表的诞生离不开东方文化的哺育。

西亚的楔形文字、埃及的象形文字、克里特线形文字、印度的哈拉巴文字、中国的甲骨文和中美、墨西哥的玛雅文字是迄今为止公认的世界上6种最古老的文字，但这些文字都不是字母文字。字母文字的出现比较晚。按古希腊人和罗马人的看法，有5个民族可能是字母表的创制者，即：腓尼基人、埃及人、亚述人、克里特人和希伯来

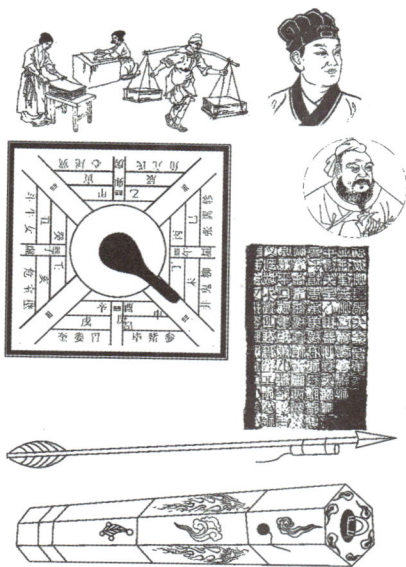

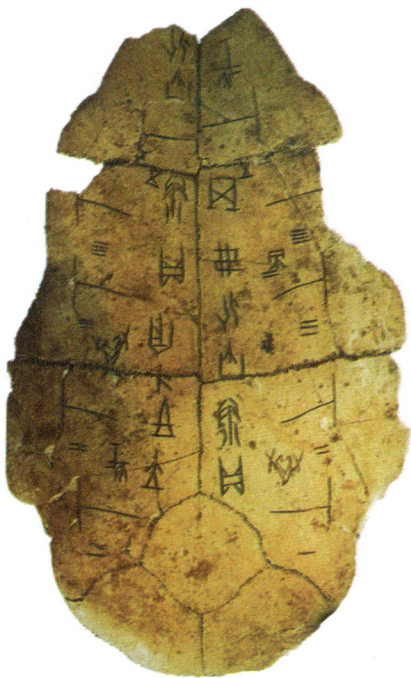

人。所以说，最早的文字和字母表，绝大多数产生在东方。在古代，各大文明地区之间尽管比较闭塞，但也不是绝对没有往来和交流的，拉丁字母表的产生就是证明。根据威廉·库里坎的研究，在叙利亚海岸的古代乌加里特发现了最早的字母系统。这个乌加里特字母表的产生时间为公元前1400年左右，一共有30个楔形符号。而最早的线形字母表是腓尼基字母表。这种字母是人们在比布罗斯的阿希拉姆国王的石棺上面发现的。对于这种字母究竟产生于哪个时代，研究者有不同的观点（公元前13世纪，或前

11世纪，或前10世纪，或约前975年），不过多数人倾向于赞同是在约公元前975年。假如是这样的话，那么在约公元前1200年，22个字母的腓尼基字母表似乎就已经产生了。

至公元前9世纪中期，居住在希腊各地的希腊商人将自己掌握的腓尼基字母传播开去，于是希腊人就学会了这种字母。后来，有人在克诺索斯的一个克里特几何形墓中发现了公元前900年的腓尼基铭文。由此可以证明，那时的腓尼基人与爱琴地区的希腊人已有文化交往。希腊字母表来自腓尼基字母表，而希腊字母本身又分为东部和

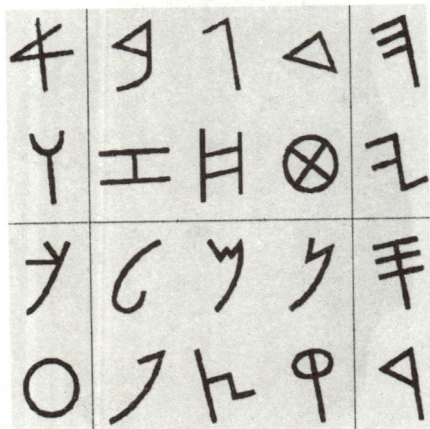

西部两个变体，其中东部变体的爱奥尼亚字母通行于希腊、小亚细亚及临近岛屿。雅典用的是爱奥尼亚字母。至公元前4世纪中期，爱奥尼亚字母取代其他字母，成为24个字母的古典希腊字母表。

◆ 拉丁字母表的产生

关于拉丁字母表的产生，一直以来都存有争议、众说纷纭。归纳起来，大致有以下两种观点：

一种观点认为，希腊字母诸分支中有两个最大的分支：一个是西里尔字母，是9世纪时圣西里尔（约826—869年）和圣美多迪乌（约815—885年）根据安色尔体希腊文而创制的；另一个是埃特鲁斯坎字母，这种字母产生于公元前9世纪或前8世纪初，在意大利中部的托斯卡纳入中通用，并有许多铭文留传下来，不过这些铭文大部分还没有被释读出来。西里尔字母后来变为俄语、乌克兰语、保加利

亚语和白俄罗斯语等民族的文字。而埃特鲁斯坎字母表则发展成拉丁字母表。起初，罗马人从26个字母的埃特鲁斯坎字母表中借用了21个字母。公元前1世纪，随着罗马对希腊的征服，Y、Z两个字母被吸收进拉丁字母表。J、V两个字母则是中世纪时代发明的，在那以前，这两个字母一直用I、U来代替。最后，从罗曼语中吸收了一个字母W，这样，有26个字母的拉丁字母表便形成了。按照这种说法，埃特鲁斯坎字母表是古典的拉丁字母表的直接来源，而希腊字母表对拉丁字母表的影响则是间接的。

另一种观点以为，最初的拉丁字母表有20个字母（A、B、C、D、E、F、H、I、K、L、M、N、O、P、Q、R、S、T、V、X），直接来自于坎帕尼亚的库迈城的希腊字母表。这个城是希腊优卑亚岛卡尔奇斯城的殖民地。此种起源说的根据是某些拉丁字母的古老形式与库迈字母表中相对应的字母形式非常相似。因此，也有许多人支持这种看法。

这两种观点由于都缺乏有力的证据来证明自己，所以都无法排除对方正确的可能性。所以，拉丁字母表的产生至今仍然是一个迷。不过，其起源于埃特鲁斯坎文字的解释为人们的探索提供了新的思路。

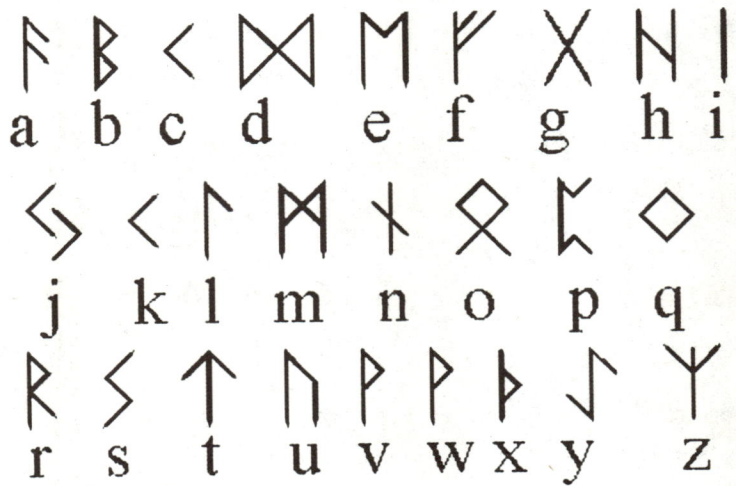

秦兵马俑为谁而建

秦兵马俑是众所周知的历史古迹，被誉为世界第八大奇迹。1973年3月在西安被世人发现，其雄伟、壮观的场景令世人感叹。秦兵马俑自发掘以来，国内外的学者都一致认为它是秦始皇的随葬品，是秦始皇当年率领浩荡军队的再现。

但近年来，人们对上述看法提出了质疑。有人提出，在一号坑和二号坑里，大量的卒兵围绕战车排列成一个个整齐的大小方队。由此可见，战车是这支部队最基本的作战方式。但据史籍记载，秦始皇时期只是大量使用步兵和骑兵，几乎没有使用战车的痕迹。因此，这个兵马俑并不一定是秦始皇当年统

帅的军队；另外，俑坑里的各种武士，有的梳着发髻，有的戴着软帽，而攻坚作战中所必需的防卫头盔竟一个都没有，大量武士没有护身铠甲，这与横扫六国的精锐之师似乎不相符合；还有，秦统一六国

后，秦始皇规定了"黑色"是皇家的主色调，但与之大相径庭的是，几乎所有的武士俑出土时从上到下都身穿大红大绿的战袍，紫蓝色长裤，与秦始皇的规定完全不一样，因此，秦兵马俑所护卫的主人并不是秦始皇。

有研究人员推测，这个大型兵马俑很可能是秦始皇的祖奶奶宣太后的随葬品。公元前306年，秦始皇爷爷的父亲——昭襄王年少继位，但昭襄王的生母宣太后大权独揽，而且多年不肯交权，后来昭襄王劝宣太后交权，条件是要塑造真人一样大小的殉俑，布置一个辎重车队，象征性地让太后回归自己的楚国故里。后来宣太后同意了，于是才有了今天人们看到的秦兵马俑和壮观的阵列。而且，现在兵马俑所在位置也与史书记载的宣太后的墓葬非常接近。

但最新的一些考古发现则让人们对这种说法又半信半疑了。2007

年，考古学家在陕西省发现了两座墓葬，在其中一座国君夫人的墓室四角，各发现一个高约0.8米的彩色木俑，其历史比秦兵马俑还早500多年。这个发现表明，宣太后要求塑造彩色兵马俑和后来昭襄王的做法是符合当时帝王风俗的。但2007年年底的另一次考古发现又掀起了波澜：考古学家们在秦始皇陵附近又发现了5个规模巨大的坑，总面积达7万平方米，远远赶超了先前发现的兵马俑坑，是秦始皇陵外围至今发现的最大遗迹点。这个发现意味着还将有更多的兵马俑出土，难道即将出土的兵马俑都隶属于宣太后吗？秦兵马俑不是为秦始皇而建，又不是为宣太后而建，那么究竟是为谁而建的呢？迄今也无法定论。

纳斯卡的地画

纳斯卡位于秘鲁伊卡省的东南部。20世纪中叶在这里发掘出了大批古墓，里面的许多彩陶和纺织等殉葬品引起了国内外历史学家和考古学家的注意，因此这个名不见经传的小镇开始热闹起来。不过，这里更引人注意的，是某位考古学家乘坐飞机飞过"塞罗斯"草原上空时，突然发现许多巨大的图案，即所谓的"纳斯卡谷地巨画"。其实，这些地画是在1939年时，一名叫保罗·科索科的美国人在纳斯卡地区研究古印第安人灌溉系统时发现的。

这片宽阔的谷地布满了由宽窄不一的"沟"组成的三角形、长方形、平行四边形、菱形和螺旋形等几何图形，它们又分别组成晰蜴、蜘蛛、鲟鱼、长爪狗、老鹰、海鸥、孔雀以及仙人掌等动植物的轮廓图。每个图案都有几百平方米，最大的一个甚至达到5平方千米。例如，一只大鹏展开的翅膀就有50米之长，而鸟身子长度达300米；一只50米的大蜘蛛；一只巨大的

秃鹰，其翼展竟达120米；一条蜥蜴有180米那么长；而一只猴子则有100米高。这些图案不仅层次分

明，而且间隔适度，有些相同的图案简直就像一个模子里印出来的，其精确度令人吃惊。

当旭日东升之时，如果登上纳斯卡山巅，就能看见一幅美丽而奇异的图画。但当太阳升高之后，这些巨画就消失了。由此可见，古代印加的艺术家在对巨画进行布局设计时应该是利用了光学原理做出过精确的计算，所以这些巨画才会有如此神秘的特性。也正因为如此，纳斯卡谷地的巨画被称为"世界第八奇迹"。

这些线条图大约刻于公元前500年到公元500年之间，根据考古学家们最新的估计，他们应该是出现在公元1世纪前后，就其数量、自然状态、大小以及连续性来说，它们是考古学中最难解开的迷团之一。 有些线条图描述了活着的动物、植物，想像的形象，还有数公里长的几何图形。这些散布在250平方千米干燥沙质地表上的众多深几十厘米、长几百米到几千米不等的巨大线条，以笔直的直线和箭头型为主，也有其他几何图型和飞禽走兽等各种各样的动物图案，如蜂鸟、卷尾猴等。这些线条图是镂刻

在辽阔的纳斯卡山谷的潘帕·因哈尼奥荒漠中的一些奇怪的超大图形，因尺寸巨大，在地面上，它们似乎像在暗红色的砂砾上一条条弯弯曲曲的小径。只有乘飞机从高空往下观望时，这些线条才能呈现出各种兽类的巨大图形。

自从1926年人们发现了纳斯卡巨画的这些图案后，人们对其用途纷纷提出自己的解释。主要的推测认为，这是创造过纳斯卡文化的古印第安人的作品，是古印第安人奇特的天文日历，他们根据阳光在

那条线上沉落来确定季节和时辰；另一些学者则推断，巨画同当时印第安人举行盛大的宗教祭祀活动有关；还有的人认为，这可能是古印第安人的道路标志；而最早注意到这些图案的艾尔弗雷德·克鲁伯和米吉亚·艾克斯比以为，这些是灌溉用的水渠；后来，艾克斯比认

为这些小径与印加帝国的"神圣之路"相似，那些圆椎形石堆是"聚焦"（即这些线条的聚合相交点），也可能是举行礼仪活动的场所。1941年夏至那一天，保尔·考苏克到达该地时，他碰巧观察到太阳恰好就是从这些红条中某一条的末端的上空落下去的。这一奇妙的现象使他认为，这里是世界最大的天文书。

德国学者玛丽亚·莱因切在经过30余年潜心研究之后，也提出相同的理论。她解释道，这些直线与螺线代表星球的运动，而那些动物图形则代表星座。

在所有的理论中，最出名却又

最牵强附会的要数埃里克·冯丹尼肯在他那本《上帝的战车》一书中所作的解释：这些是为外星人来参观而留下的入口处标记。另一种同

样异想天开的妙说是，古代时，这里的人乘坐在热气球上留下这样的残迹。这一猜度的依据是，这些图案在空中才看得清楚，还称图案中有许多看上去很可能是当时为使气球飞离地面而燃烧物体时留下的痕迹。不过，乔奇艾·冯布鲁宁又声称这是赛跑比赛时留下的轨迹。

考古学家乔斯依·兰其奥则更直接而简单地把这一切解释为地图，标出的是一些进入重要场所的通道。

可以肯定的是，图案不是古纳斯卡人随意或者是无意中在广阔

的地面上绘制出来的，而肯定是先有了设计蓝图，然后再制作出来，因为这些图案的比例等等都相当精确。那么，古纳斯卡人是怎样将图纸上的样子放大到10000平方米甚至更大的土地上的呢？他们又是怎样在施工过程中保证图案不至于变形或走样呢？

在离纳斯卡不远的地方，矗立着一些金字塔，它们是玛雅人的杰作，那么，古纳斯卡人是否也建筑了金字塔式的指挥塔，用来监督制作巨大的线条？而随着时间的流逝，纳斯卡高原上的指挥塔逐渐消失，最后是否只剩下那些谜一样的线条呢？

但是，这种假设很容易就被推翻了。因为，修建如此之高的指挥塔，不仅令人难以想象，更重要的

是，建筑此高台所需的材料从何而来呢？2000年前的纳斯卡地区干旱少雨，不可能有茂密的树木生长，高台也就不可能用木头来制造；而假如用土，这里的地表是以砾石为主的，仅有少量的沙土，根本没有足够的泥土来修建如此之高的高台；假如用岩石，我们今天为何在纳斯卡地区没有发现取材用的大规模采石场呢？

今天，纳斯卡线条吸引了越来越多的游客前来参观。为了让这些地画能一直保存下去，当今已采取了一些保护措施。例如，参观者不准步行或驾车前往。而倘若站在平地上去观看，那么这些奇妙的图案将即刻失去其所有的魅力，因为它们规模之大，式样之繁多，是难以被觉察的。要想欣赏到线条的全貌，就必须乘坐当地提供的一种轻型飞机。另外，在纳斯卡北部20公里处，还建了一座瞭望塔，专为不宜乘飞机的游客们提供斜向观望其中三个图案的机会。1994年12月14日，联合国科教文组织已决定将这一遗迹作为人类文化遗产予以保护。

关于纳斯卡地画的秘密，人们的探索似乎已经走到了尽头。问题的答案或许就在这些神奇的线条后面，可现在它却已经流失在时光之中了。不过，人们的探索至今仍没有停止。

安徒生之谜

根据安徒生研究专家李保初教授考证，除了《圣经》，世界上几乎没有像《安徒生童话》这样的翻译、传播及作用。他的作品一问世，就以各种文字、各种版本、各种连环画、各种改编形式印刷发行，其中许多精美的篇章，如《皇帝的新装》《海的女儿》《卖火柴的小女孩》《丑小鸭》等，早已成为世界各国的教材。从最本质、最纯洁、最范式的意义上说，安徒生的确称得上伟大的"人类灵魂的工程师"。

不管是否喜欢安徒生，大家应该都知道《卖火柴的小女孩》这篇经典之作，也许还会对其中的情

景和语言历历在目。其实，那个小女孩的境遇和童年的安徒生的生活非常相似。但是，安徒生怎么能够从如此的困境中站起来而成为巨人呢？答案就是父母之爱和文学启蒙。安徒生谈到家乡与童年时说：那是"我既幸运又坎坷，既美好又曲折的一生的原点。"

安徒生的父亲虽然是个鞋匠，却喜欢文学。在他简陋的工作台上，挂着一个书架，上面摆着《一千零一夜》和丹麦作家霍尔伯格的喜剧剧本等作品。当安徒生出生后，他常常为儿子大声朗读文学作品，并给他讲一个又一个故事，使他从小养成了爱听故事和读书的习惯。为了儿子的快乐，许多星期天，父亲都放下工作，为儿子制作望远镜、玩具舞台和可以变换的图画。当儿子辍学在家时，父亲担心他寂寞，又与儿子一起做木偶和幕布，教儿子演木偶戏。这些快乐的生活极大地激发了安徒生的艺术兴趣和想象力。

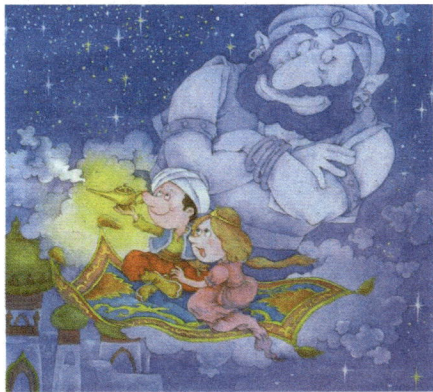

尽管贫困依然，但思想上的自由，让安徒生的童年丰富多彩。他还常去听老祖母讲故事，并与一位帮人料理家务的奶奶老约翰妮成了忘年交。据安徒生回忆，这位老约翰妮似乎是无所不知的，在她的脑子里总是存着很多有趣的故事。她能如数家珍地讲述奥登塞的每一块石头，每一棵古树的来历。而且她强调，她说的这些都是真真切切

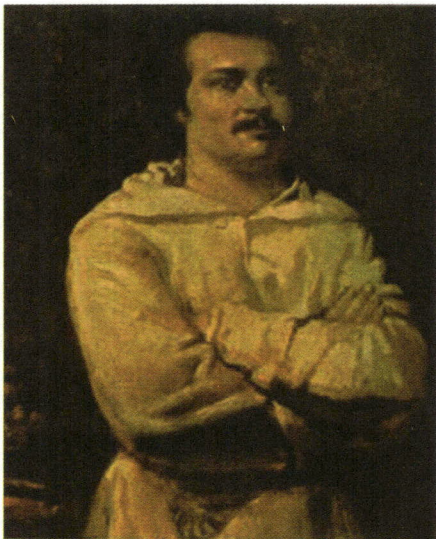

的，没有一样是她胡编乱造出来的。显然，这位老约翰妮的故事深深影响了安徒生后来的创作。

从小接触文学作品，又经常用木偶自编自演小戏剧，这一切都使少年安徒生沉醉在艺术之中。他记下了莎士比亚的大段大段台词，并能非常熟练地诵读出来。他似乎看到了哈姆莱特的鬼魂，并和李尔王一起居住在石南丛生的荒地上。他用妈妈的一条围巾代替皇袍披在肩上，表演李尔王的独白和《麦克白》中的几场戏，念出的台词使那间小房子的墙壁都震动了。他的那

些木偶演员也仿佛都沉浸在莎士比亚激情的海洋中了。

少年的安徒生曾经尝试去做一个演员，但是几经挫折而最终没有实现，后来他开始尝试文学创作。安徒生的文学才华引起了皇家剧院的注意。在他们的推荐下，丹麦国王提供了皇家公费，送17岁的安徒生去完成中学学业。23岁时，成绩优异的他又考入哥本哈根大学。丰富的生活体验与扎实的学业基础，成了安徒生实现文学梦想的两只翅膀。从那时候起，他就发表了一系

列剧本、小说、游记和诗歌，在丹麦甚至欧洲许多国家受到广泛欢迎。

安徒生成长于一个巨人的时代。他曾多次出国旅行，拜访过海涅、雨果、巴尔扎克、大仲马、小仲马、狄更斯、门德尔松以及格林兄弟等文学艺术大师，并与其中几位成为挚友。但是，他始终潜心于童话创作。

安徒生后来曾进入上流社会，出入于皇家剧院，甚至在皇家宫殿阿马林堡宫居住了一段时间。正是因为这样，有人对他的身世提出了怀疑，认为安徒生其实是丹麦国王克里斯蒂安八世和劳尔维格伯爵夫人的私生子，因为如果他真的只是一个身份低微的鞋匠的儿子，那怎么可能做到这些呢？为了研究他的身世之谜，甚至有几百个丹麦人曾在1990年到安徒生故乡的欧登赛大学举行了听证会。不过，最终都没有找到确切的证据。其实，安徒生是不是王子并不重要，重要的是他创造的美妙的童话世界给孩子们幼小的心灵增添了不可或缺的美丽回忆。

断臂维纳斯

断臂维纳斯，也称米洛的维纳斯，是一尊在希腊神话中代表爱与美的女神维纳斯的大理石雕塑，高203厘米，由两块大理石拼接而成，而两块大理石连接处正好是在身躯裸露部分与裹巾的相邻处，雕刻技艺非常巧妙。据人们猜测，这座雕塑可能是在前130年左右制成的。

1820年，一个叫伊奥尔科斯的米洛农民在米洛斯岛上挖地时发现了一个大洞穴，走进这座山洞，一座优美绝伦的半裸女大理石雕像展现在他的眼前。这尊雕像就是公元前二世纪中叶的希腊雕刻原件，被称为"米洛斯岛的维纳斯"。当时它的双臂与躯干部分分离，但大体上还保存完好。伊奥尔科斯原先试图将这尊雕像藏起来，但后来还是被一个土耳其军官发现了。后来，法国驻土耳其的大使看到了这尊雕

像，于是将它买下。1821年，这尊断臂的维纳斯雕像几经波折，最终被送入法国卢浮宫，成为该馆的"镇馆三宝"之一。

米洛斯的维纳斯高2米，她不仅为女性形体美提供了公认的标准，同时展示了女性柔美妩媚的特征：一种复杂而微妙的动作正把她的臀部引向右侧，左膝向前，强健而灵活的腹部衬托着逼真的肚脐；而她的面部却表现出一份庄重与平静，给人以矜持而典雅之感。其无与伦比的美集中于端庄自信的容貌与优美柔嫩的躯体，从而使这尊雕像焕发出永恒的青春活力。制作雕像的大理石经过了仔细的打磨，充分表现出女性肌肤的细腻与光滑，我们似乎可以感受到她的体温与血管的跳动。在下身厚重的衣裙的对比下，雕像增添了丰富的变化与含蓄的美感，展现出古希腊晚期传统与创新相交织的艺术特色。正如德国美学家温克尔曼所言：

"高贵的单纯，静穆的伟大。"米洛斯的维纳斯最完美地展示了希腊雕塑所特有的优美与崇高的品质。她以丰腴的肌肤、曼妙的风度折服了整个世界，以致于19世纪雕塑大师罗丹面对她，也不由地发出了"神奇中的神奇"的赞叹。

维纳斯雕像的双臂，是当初

就没有雕塑上，还是后来才断掉的，这个问题曾经在很长的时间里都是一个谜，人们一直众说纷纭。直到后来，当时曾参与争夺爱神冲突的法国人杜蒙–杜尔维尔

的回忆录被公布于世，爱神的"断臂之谜"才终于被揭开。据法国舰长杜蒙·杜尔维尔的回忆录所述，维纳斯出土时的双臂还是完整的，右臂下垂，手扶衣衫，左上臂伸过头，握着一只苹果。当时法国驻米洛领事路易斯·布勒斯特得得知这个塑像出土，就赶往伊奥尔科斯的家中，打算以非常高的价格购买这个雕像，农民奥尔科斯同意了他的要求。

但由于他手头没有足够的现金，就只好派杜尔维尔连夜赶往君士坦丁堡报告给法国大使。法国大使听完汇报后立即命令秘书带了一笔巨款随杜尔维尔连夜前往米洛洽购女神像，却不知农民伊奥尔科斯此时已将神像卖给了一位希腊商人，而且已经装船外运。杜尔维尔当即决定

以武力截夺。英国得知这一消息之后，也派舰艇赶来争夺，双方展开了一场激烈的战斗，正是在这场争夺雕像的混战中，雕塑的双臂不幸被砸断，从此，维纳斯就成了一个断臂女神。

后来，为了弥补断掉的手臂，当时的著名雕塑家们还举行了一场重新塑造手臂的比赛。但是对比所有的方案之后，人们统一认为，没有手臂的维纳斯，比起有各种手臂的维纳斯都要美丽。所以最终人们保持了维纳斯没有手臂的样子，并认可了这尊独一无二的"断臂的维纳斯"，似乎爱神本应该如此。也许，真正的完美并不存在，历史造就了无以弥补的缺憾，也恰恰因为这种缺憾，使人们对此更加垂青。

巨人族传说

世界上是否真的有巨人族，是人们普遍关心的问题，也是比较热门的话题。巨人的传说，在许多神话中都存在过，例如希腊、印度等古老的神话故事里就有此类传说。甚至一些历史学家在著作中竟也提到过巨人的存在，这就不能不让人认真地思考巨人族是否曾在这个世界上存在过。

对于这一科学上的疑问，很多人类学家的答复是肯定的。他们认为巨人种族包括直立猿人和大型猿人，但是这两种生物都已经绝迹了。不过也有专家认为，有可能在地球的某一角落，巨人族仍继续生存着。

例如，巴西的一位名叫奥兰多·维托里奥的科学家，在这个国家北部罗赖马山附近的圭亚那高原原始森林中探险时，发现了六群平均身高二米五的巨人。维托里奥本来打算接近他们，可那些人向他投掷石块，迫不得已，维托里奥只好放弃了接近他们的企图，逃了出来。

当然，持巨人种族已经灭绝这种观点

的学者仍占绝大多数。在爪哇、非洲东部和南部、蒙古、中国南部和印度等地发现了直立猿人和大型猿人的遗骨。进行这项考察的人类学家不承认它们是人类，而只认为他们是类人猿的一种，并非是人类的直系祖先。苏联的人类学家雅基莫夫博士根据这些骨骼的大小，推算出它们的体重在五百公斤以上。大概是由于头盖骨和大脑的生长跟不上躯体的发达程度，所以它们的进化停止了。

有专家认为，有两种原因

可能造就巨人。一种是因为基因的关系，他们很正常，但基因使他们长得很高；另一种是机能失常，最常见的是肢端巨大症，这种疾病由于生长荷尔蒙过多引起，它不仅使

人长得过高，也可能导致骨骼、内脏出现问题。那么他们是否源自远古的巨人呢？科学家马文安提曼博士认为，如果我们的基因都来源于第一个人类，我们之中会有巨人也不足为奇，因为第一个人类身上可能会有造成巨人的隐性基因。例如现代瓦图西部的人都非常巨大，他们的男性平均身高将近2米，高得惊人。

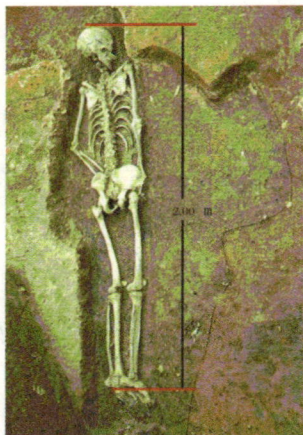

然而，也有些学者对此持怀疑态度，他们认为世界上根本就不存在巨人族。是否真的有巨人，迄今也找不到足够的科学证据，只是人们对于这个问题特别感兴趣，因此世界各地每隔一段时间都会出现关于巨人的报告。

第四章

尘封的政治谜案

　　随着人类文明的滚滚向前，人类大脑个体间的差异愈见明显。如果有人能凭借充沛的脑力和另类的感应思维方式，从地球浩荡的物质世界中重新"提炼"出业已"分散"的精神之花，便可以获知在地球以往的岁月中，曾经出现过多少次重大的历史事件。从帝王将相的传奇经历到鲜为人知的宫廷秘闻，从英雄名士的历史踪影到千奇百怪的历史谜案，从世界各国的政治阴谋到扑朔迷离的近代谜案……这一切都像磁石一样吸引着人们好奇的目光，并刺激着人们探索其究竟的兴趣。人类历史发展到今天仍然充满了数不清的谜团，随着时间的推移和史料的发现，有些谜团才陆续地得以解开。本章通过介绍彼得三世的死因、查理大帝的加冕、建文帝之死、杨贵妃之死、拿破仑死因、雍正帝继位、郑成功的猝死、"水门事件"、李岩之死、王莽之死、刘秀称帝以及甘地遇刺等事件来一起探索这些尘封的政治谜案。

彼得三世的死因

1762年，沙皇彼得三世的王后叶卡捷琳娜发动宫廷政变，推翻了他的统治。7月，彼得三世在狱中突然死去，对外宣称的死因是消化不良，但究竟真实情形如何，引得后世一片争议。

彼得三世是声名显赫的彼得大帝的外孙，他本来是德意志人，几乎不会说俄语，由于伊丽莎白女皇未婚且无子嗣，所以他在1744年被选中，成为俄罗斯皇位继承人。彼得三世刚继位，便停止了对俄国有利的七年战争，并与普鲁士王腓特烈订立了攻守同盟。他不仅不进攻普鲁士，反过来还命令年前攻占柏林的切尔尼谢夫将军率领2万俄军

援助普鲁士，在腓特烈的指挥下参与对奥地利的作战。

此外，彼得三世宣告解除贵族的服役义务，停止对非本国教徒的迫害。可是由于他没收修道院领地、强迫军队普鲁士化，甚至还把自己出身的荷尔斯泰因家族的利益置于俄罗斯国家利益之上，因此引起了俄罗斯僧侣阶级、贵族和军人的反感，最终引发了1762年的宫廷政变。

彼得三世的妻子叶卡捷琳娜也出生于德国，家境贫穷。为了"当好"皇后，来到俄国后她改信东正教，并努力学习俄语，不久就能用标准的俄语朗诵东正教誓言，赢得了俄国人的尊重。1745年8月，彼得与叶卡捷琳娜成婚，但婚后感情并不

融洽。此外，叶卡捷琳娜也遭到了伊丽莎白的怀疑甚至监视。为此，叶卡捷琳娜开始私下扶植亲信，经过长期谋划，终于在1762年在彼得三世离开彼得堡准备进攻丹麦之际，发动政变。政变后，彼得三世要求与女皇平分政

权，但遭到了断然的拒绝，只好宣布退位。7月18日，叶卡捷琳娜在枢密院正式登基，史称叶卡捷琳娜二世。就在叶卡捷琳娜就任皇位的同一天，彼得三世暴死在了狱中。

至于死因，除了"消化不良"之外，所有观点毫无例外指向"谋杀"。有说法认为是被毒死，当时法国外交部档案记载：葬礼时一些人按照俄国风俗亲吻彼得三世的遗体以示告别，其后这些人的嘴唇出现了莫名其妙的肿胀；也有人称是女皇派人勒死了彼得三世。

查理大帝加冕

公元800年12月25日，在意大利的罗马城发生了一件举世瞩目、影响深远，以至改变欧洲政治格局的大事件：一个"蛮族"人的国王，被罗马教皇破天荒地戴上一顶金皇冠，并加冕为"罗马人的皇帝"。这个得天独厚的人，就是欧洲历史上赫赫有名的"查理大帝"。

742年，查理出生于法兰克王国的名门贵族家庭，其祖父查理·马特是墨洛温王朝大权实握的宫相，以打败阿拉伯人的进攻和实行采邑改革而驰名遐迩。父亲"矮子丕平"于751年与教皇相勾结，废黜了墨洛温王朝的末代国君并取而代之，创建了加洛林王朝，成为加洛林王朝的第一代国君。作为王

子，查理从小就经常跟随在父亲身边，或出入宫廷，或巡行全国，或

骑马打猎，或从军作战，得到了政治上和军事上的锻炼。他身材颀长，体格强壮，双目大而炯炯有神。他精于武艺，彪悍善战，很早就显露出了军事上的才干。768年，"矮子丕平"去世，查理继位

为王。这时，正是西欧封建化过程急剧进行之际。随着封建化的发展，封建贵族迫切要求向外扩张，掠夺土地和财富。因此，查理即位后，便开始了大规模的征服战争。他在位46年，先后发动50余次征服战争。774年他吞并了伦巴德王

国；778年和801年他两度进攻西班牙，建立了"西班牙马克"；772—804年历时30余年，经过18次战役，征服了萨克森；788年占领巴伐利亚；796年征服阿瓦尔人，占领多瑙河中游的潘诺尼亚。通过一系列南征北掠、东征西讨的军事战争，查理迫使许多各不相同的部落和部族都做了他的臣民，并把法兰克王国的版图扩大到西至厄布罗河，北抵北海，南到意大利，东迄易北河的广大地区，使得法兰克王国成为土地广袤、雄踞西欧的第一个封建大帝国。

赫赫声威和强大的国势使查理踌躇满志，"蛮族"人的国王称号显然已与他的声势不相适应，威震四方的"恺撒大帝"才是他推崇和效法的榜样。罗马教廷内部的倾轧斗争，更是为他加冕称帝提供了条件。795年，教皇阿连德一世逝世，新教皇立奥三世以阴谋手段登上教皇宝座。但他与教廷中有势力的大贵族发生矛盾，于是立奥三世便向外寻求援助。他致函查理，

表示忠诚，以换取查理的支持。796 年，查理在给立奥三世的复信中说："正如我们与您的前任哈德良达成过协议，我们同样愿与您建立牢不可破的信仰与仁爱的团契。我的天职是用武力保卫教会，使它不受异教徒的攻击蹂躏，在教会内部确保教会的纯正信仰。而圣父，您的职责则是用祈祷支持我的武力。"这番话鲜明地反映了新教皇与查理的亲密关系。但是，罗马的贵族对日耳曼人包括查理，一向都是非常蔑视的。因此，立奥三世的行为遭到了罗马大贵族的反对。799 年 4 月 25 日，罗马贵族首领以教皇对法兰克人软弱为借口，将立奥三世逮捕入狱，备加虐待，几乎使立奥三世致盲致哑。后来立奥三世在法兰克使臣的帮助下设法逃了出来，潜出罗马城来到法兰克，向查理"鸣冤叫屈"。查理勃然大怒，于 800 年 12 月亲率大兵护送立奥三世回罗马，并召集所有主教、神职人员及贵族开会，帮助立奥三世复位，并对反对立奥三世的人处以重刑。立奥三世对查理感激涕零，视其如再生父母，不惜抓住一切机会报效查理的恩典。12 月 25 日圣诞节那天，当查理跪在圣彼得大教堂做弥撒时，立奥三世便为查理戴上一顶金皇冠，封他为"罗马人皇帝"，并颂赞道："上帝为查理皇帝加冕，这位伟大的和带来和

平的罗马人皇帝，万寿无疆，永远胜利。"这样，在西罗马帝国灭亡300多年后在它的领土上又建立了一个"罗马人的帝国"。从此，法兰克王国被称为"查理帝国"，查理国王变成了"查理大帝"，也称为"查理曼"。

查理的加冕，是世界中世纪史

事前毫无所知，因而对立奥三世的做法感到突兀，并且很反感。爱因哈德在《查理大帝传》中这样记述道：查理"非常不喜欢这种称号，他肯定地说，假如当初能够预见到教皇的意图，他那天是不会进教堂的，尽管那天是教堂的重要节日"。事情果真如此吗？现代许多

上意义重大、影响深远的一件大事，它奠定了教权与王权对西欧进行教俗双重统治的政治思想基础。但是，查理大帝的"加冕"曾引起史学家的热议。据为查理作传的爱因哈斯所述，查理对"加冕"一事

西方历史学家对此表示怀疑。有人认为，查理既拥有至高无上的权力，又能严密控制局势，绝不可能容许心非所愿之事，从当时立奥三世的处境看，他也绝不敢做冒犯查理的事。有的史学家则强调指

出，800年时，拜占廷（即东罗马帝国）正缺少一位皇帝，查理曾向拜占廷皇后艾琳商谈联姻事宜，未能如愿。这一事实也足以表明查理对拜占廷的"帝冠"是感兴趣的。另外，在立奥三世给查理戴上皇冠时，立即受到在场的罗马贵族和僧侣的热烈欢呼和拥戴，显然这一事件是经过精心策划的。因此，爱因哈德说查理对"加冕"事前毫无所知，纯系心非所愿的偶然事件，很难令人置信。但是，也有一些西方史家认为爱因哈德的记述是可信的。因为此人学识出色，才智过人，20岁时即

被查理延聘到宫中供职。一生中大部分时间都跟随查理左右，掌管秘书，参与机要，还几次衔查理之命出使国外，深得查理的宠信。在查理死后，他还继续留在"虔诚者"路易的宫廷，恩宠不衰。由于爱因哈德的优越身份和特殊地位，使他对查理的行为举止和宫廷内幕了如指掌。他本人在自序中曾这样说道："我认为没有人能够比我更真实地记述这些事情"。同时代的学者瓦拉夫里德·斯特拉博也曾称

赞他"提供了丝毫不假的真实情况"。因此，他撰写的《查理大帝传》是建立在亲身经历的基础上的，具有可靠的史料价值，其中对"加冕"的记述，应当说是可信的，不能视为杜撰之语。我国的有些教科书也倾向于这种观点。如朱寰先生主编的《世界中古史》在叙述这一事件时写道："圣诞节这一天，当查理跪在圣彼得大教堂作弥撒时，教皇立奥三世突然把一顶金冠戴在他的头上。""突然"一词即体现了这一事件的偶然性，也与爱因哈德记述的查理对"加冕"一事感到突兀相吻合。查理"加冕"的真相究竟如何？是教皇立奥三世别出心裁的偶然性举动，还是经过精心策划的历史事件？这一历史谜团，尚须认真研究、考证，才能揭开。

拿破仑死因

拿破仑是法兰西第一帝国和百日王朝皇帝，法国资产阶级政治家和军事家。滑铁卢战役失败后，他被流放于圣赫勒拿岛。1821年5月5日17时49分，他长眠于此，享年51岁。100多年以来，关于拿破仑的死因一直争论不休：有的说他死于胃癌，有的则说他是被毒死的。直到现在，拿破仑的死因也还是扑朔迷离。

20世纪60年代，美国联邦调查局和法国巴斯特大学用拿破仑的头发进行检验分析，发现其中含有大量的砒霜，这一发现支持了拿破仑被下毒的说法。拿破仑死后，他的私人医生弗兰斯西科·安东马奇对其尸体进行了解剖，当时一同在场观看的还有5位英国医生。经过解剖后，他们得出的结论是：拿破仑死于胃癌并发症。但是，在20世纪60年代，一位名叫斯滕·富尔舒沃德的瑞典牙医曾读到拿破仑的仆人路易·马尔尚的回忆录。从回忆录

中他了解到，拿破仑在被流放期间经常忍受慢性疼痛，他当时就怀疑拿破仑是因慢性中毒而死。拿破仑的继承人保留下来这位君主的一些头发，专家找到了这些头发，并将其中的几根送到英国哈威尔的核化验室进行化验。结果表明，拿破仑头发中的砷含量很高，超过正常人的20倍甚至30倍，只有长时间的慢性砷中毒才会达到如此高的指标。砷是一种有毒的化学元素，它的化合物三氧化二砷是剧烈的毒药砒霜。可是，拿破仑一直都是个非常谨慎的人，他怎么会轻易中毒呢？而且究竟是谁下的毒？

2002年10月，应法国《科学与生活》杂志的邀请，法国3位权威人士：巴黎警察局毒物学实验室负责人里科代尔、法国奥赛电磁辐射使用实验室专家舍瓦利耶以及巴黎原子能委员会凝聚态、原子、分子研究所专家梅耶尔利用同步加速器射线对拿破仑遗留下来的头发进行了细致分析，结果断定：拿破仑确实死于胃癌，而不是有关专家推测的砒霜中毒。据介绍，这些头发共有19绺，有的是在拿破仑死后从其尸体上取下来的，有的是在拿破仑在世时保留下来的。3位专家对每绺头发都进行了上百次的测量，对每根头发的测量间距甚至精细到0.5毫米。结果显示：无论是在1821年拿破仑死后取下的头发里，还是拿破仑在世时保留下来的头发里，砒霜的含量都

超出正常值许多倍。专家们由此断定，拿破仑不是死于砒霜中毒，因为这些头发的取留时间相距16年，而在长达16年的时间里，这些头发中的砒霜含量几乎一致，并均匀分布在整根头发上，这表明头发上的砒霜不是拿破仑摄食到体内的，它们来自外部环境。对此，专家们推测可能是来自以木材取暖、放置老鼠药、摆弄含砒霜的子弹等，而最可能的是来自某种防腐剂，因为在19世纪时，法国非常流行用砒霜保存头发。

20世纪60年代，瑞士巴塞尔大学医院的解剖病理学专家艾利桑德罗·鲁格里领导的小组，与苏黎世大学医学史研究所合作，通过对拿破仑不同时期12条裤子腰围尺寸进行研究后断定，拿破仑的确是死于胃癌。瑞士科学家们测量了这些裤子的腰围，然后又研究了一些活着的胃癌病人的腰围变化，结果发现，拿破仑的腰围变化和胃癌

病人的腰围变化完全一致。拿破仑穿的最大号裤子腰围尺寸是110厘米，而在他1821年去世前，他穿的裤子腰围已缩小到了98厘米。一位名叫科斯坦的专家在研究了拿破仑生前的病历后认为，拿破仑死于胃癌无疑。据病历中记载，拿破仑死前上腹部剧痛难忍，打嗝呼出的气味非常难闻。科斯坦说，这些症状很像胃癌病人。这位专家还详细分析了验尸报告。据悉，报告中暗示，医生在拿破仑体内发现了一个胃瘤，这就是胃癌最有力的证据。

2004年，美国旧金山法医检验部的法医病理学家史蒂文·卡奇推断拿破仑死于一名庸医导致的灌肠医疗事故。卡奇认为，拿破仑生前出现胃部不适及肠痉挛等症状，

而他的医生天天用灌肠的方法缓解

拿破仑的父亲

症状，导致拿破仑体内水电解质平衡紊乱，引起心律失常从而死亡。然而，支持胃癌说的人还是占据多数。这一派的人最有力的论据是：拿破仑的祖父、父亲与三个妹妹都死于胃癌，这引起了医学界对胃癌遗传性的关注。专家介绍，胃癌的遗传性主要体现在两个方面。第一，存在着纯遗传性的胃癌，也就是说由父母等直系亲属传给下一代的。第二，胃癌的遗传性更多的是体现在遗传物质上，它不同于遗传病，父母有就一定会传给下一代。近年来，科学家结合研究了现代医

学知识、验尸报告、拿破仑身体情况备忘录、当时证人证词以及拿破仑家庭医疗记录。结果发现，拿破仑死亡的直接原因是胃肠出血。最初验尸报告指出，拿破仑胃部存在两处溃疡损伤：一处是大面积损伤，另一处损伤则已穿过胃壁，触及肝脏。研究第一作者、美国得克萨斯大学西南医学中心的罗伯特·金塔和他的同事把拿破仑的胃部损伤与50名良性胃溃疡患者和50

名胃癌患者的胃部损伤做了对比。他们认为，拿破仑的胃损伤是癌性的。科学家认为，拿破仑死前不仅

罹患胃癌，病情还非常严重，癌细胞已经扩散到其他器官。虽然拿破仑的父亲也是死于胃癌，但是科学家认为，拿破仑本人的胃癌并不是由遗传因素造成，而极有可能是由胃溃疡造成的细菌感染引起。

关于拿破仑的死因，直到现在也还没有"最后定论"，伟大人物的死，总会受到众人的关注。拿破仑的死因，更是人们长期关注的焦点。21世纪的今天，瑞士科学家希望借助12条裤子重解19世纪谜团，道出拿破仑的真正死因是胃癌，并号称这一结论是拿破仑死因的最后定论。

但历史的经验告诉我们，拿破仑的死因永远无法画上句号，没有人相信"最后定论"这种说法。拿破仑的死因已经成为一个永远也研究不完的课题。希望在不久的将来，这个谜题能被科学家们揭破。

甘地遇刺

甘地尊称圣雄甘地，是印度民族主义运动和国大党领袖。他既是印度的国父，也是印度最伟大的政治领袖。他带领印度迈向独立，脱离英国的殖民统治。他的"非暴力反抗"的主张，影响了全世界的民族主义者和那些争取和平变革的国际运动。当圣雄甘地以自己的生命推动印度民众实现宗教和睦时，一场以他为目标的暗杀行动正在悄悄进行。

甘地塑像

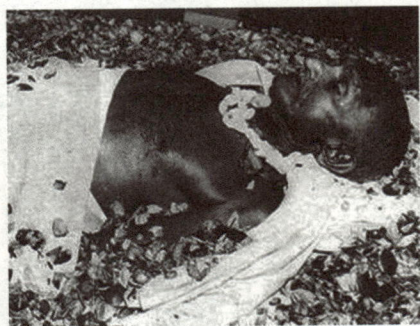

图拉姆·戈德森

早在1947年8月，一个名叫纳图拉姆·戈德森的印度教狂热分子在一场小型集会上叫嚣："甘地的非暴力学说，将手无寸铁的印度教徒置于敌人的魔爪之中。

今天，印度难民正忍饥挨饿，奄奄一息，然而甘地却维护穆斯林压迫者。印度妇女宁愿焚身自殉也不愿遭人奸污，然而甘地却声称：'受害者乃胜利者。'受害者中可能有我的母亲！"

1948年1月3日5点10分时，甘地在摩奴与阿巴的扶持下走向晚祷会场的草坪。就在甘地即将走向平台的一刹那，早已潜伏在此的国民公仆团的头目纳图拉姆·戈德森跑到甘地面前。他先向甘地鞠躬行礼，口中低声说："圣父，您好！"然后猛然推开摩奴，从口袋里掏出手枪，顶住甘地赤裸的胸口连开几枪。甘地双手合十，似乎想迈出最后一步，口中喃喃念到："神啊！"随后徐徐倒地，倒地时这一双手合十的姿势依然未变。这位终身提倡"非暴力"的老人就这

甘 地

样死在狂热分子的枪口之下，结束了他那伟大而不平凡的一生。凶手打死甘地后并未趁机逃走，反而大声呼喊警察，束手就擒。纳图拉姆·戈德森是一个狂热的教徒，出身波罗门。他早年崇拜甘地，投身"不合作运动"，并因此而入狱。

对于甘地之死，很多人感到不解。首先是1月20日甘地的比尔拉寓所挨炸后，警方已经通过审讯掌握了凶手刺杀甘地的计划。一个叫贾恩的教授也向警方反映过凶手的情况，但不知为何警方没有采取有力的措施保护甘地，使得凶手完全能够按照当初的计划对甘地行刺。另外，当时社会上一些狂热分子已经叫嚣要处死甘地，而印度政府中的当权人物几乎都是甘地的信徒，却不知他们为何对这一严重事件视若无睹。

知识百花园

甘地小故事三则

1. 老师的暗示

甘地小时候并不聪明，从小学到中学，他的成绩都不是很好。可是他一点儿也不顽皮，是个诚实害羞的孩子。有一天，一位督学到甘地的学校检测学生的英文水平。他让学生们听写了五个英语单词，甘地写对了四个，就是"茶壶"这个词不会拼。正当甘地皱着眉头冥思苦想的时候，老师刚好走到他旁边。老师用脚尖轻轻地碰了一下他的椅脚，暗示他去偷看旁边同学的卷子，可甘地继续低着头想，不愿看别人的答案。结果，大家都考了满分，只有甘地一个人考了八十分。督学走后，老师把甘地叫到面前，说："傻孩子，偶尔作弊一次又有什么关系呢？如果你也能拿满分的话，我们就可以受到表扬了。"可甘地坚持认为自己那样做是正确的，抄袭就是不对，倒是老师让他作弊，使他感到非常难过。

2. 凑双完好的鞋子

一天，甘地坐火车，不小心把自己穿着的一只鞋子掉在铁轨上了。此时，火车已经轰隆隆地启动了，他已不可能下车去捡那只鞋子。旁边的人看到甘地没了一只鞋子，都为他可惜。忽然，甘地弯下身子，把另一只鞋子脱下来，扔出了窗外。身边的一位乘客看到他这个奇怪的举动，就问："先生，你为什么要这样做呢？"甘地笑了

笑，慈祥地说："这样的话，捡到鞋子的穷人，就有一双完好的鞋子穿了。"

3. 第一堂"非暴力"课

15岁时，甘地偷了哥哥手镯上的一小块金子，良心受到谴责。由于不敢当面认错，他写了一封悔过信交给父亲。他原以为会受到重罚却没想到病榻上的父亲读后泪流满面，竟原谅了他，甘地感动得哭了。这是甘地人生中第一堂"非暴力"课。他认为，父亲的信任与慈爱的力量远远胜过责骂和棒打。后来他在自传中写道："这些爱的泪泪洗涤了我的心灵，抹拭了我的罪污。只有亲自经历这种爱的人，才能认识它的价值……"

埃及艳后死亡之谜

埃及女皇克丽奥佩特拉七世是古埃及托勒密王朝的最后一任法老。她才貌出众，聪颖机智，擅长手腕，心怀叵测，一生富有戏剧性。特别是卷入罗马共和末期的政治漩涡，同恺撒、安东尼关系密切，并伴以种种传闻逸事。克丽奥佩特拉在古埃及可以说是一位焦点人物，在后人的记述里，这位埃及绝世佳人凭借其倾国倾城的姿色，

不但暂时保全了一个王朝，而且使强大的罗马帝国的君王纷纷拜倒在其石榴裙下，心甘情愿地为其效劳卖命。

公元前51年，克丽奥佩特拉的父亲去世，留下遗嘱指定克丽奥佩特拉七世和她的异母兄弟托勒密十三世为继承人，共同执政。但他们两人因派系斗争和争夺权力而失和。三年后，克列奥帕特拉七世被逐出亚历山大里亚。此后，他在埃及与叙利亚边界一带聚集军

队，准备攻入埃及。此时，适逢恺
撒追击庞培来到埃及，对埃及的王
位之争进行调停。当克丽奥佩特听
说凯撒在亚历山大大帝的宫殿里
时，她命令她的一个仆人把她裹在
镶有金箔的地毯里作为礼物送给凯
撒。凯撒被她的美貌所征服，决定
帮她夺回王位。在凯撒的帮助下，
托勒密十三世被废黜，克丽奥佩特

托勒密十三世头像

拉和她的弟弟托勒密十四世共同执
政。公元前44年，凯撒被暗杀后，
克丽奥佩特拉回到了埃及。不久，
托勒密十四世遇难，也有人说是被
克丽奥佩特拉下毒所致。女皇立她
和恺撒所生之子为托勒密十五世，
共同统治埃及。

　　恺撒死后，马克·安东尼成为
了东罗马帝国的实际统治者。公元
前41年，他到达西利西亚的塔尔苏
斯，遗使埃及，召见克丽奥佩特拉
七世。女皇用盛宴款待安东尼，安
东尼被她的美貌所吸引，跟随她去
了亚历山大。公元前40年夏，安东

恺撒大帝

169

屋大维

尼回到意大利。此时，安东尼和屋大维之间的矛盾有所缓和，他娶了屋大维的姐姐奥克塔维娅为妻，以罗马传统的联姻方式巩固政治上的联盟。公元前37年，安东尼和屋大维的矛盾加深，安东尼准备远征帕提亚，并且违反常理同克丽奥佩特拉七世结婚。

安东尼和克丽奥佩特拉七世的结合，具有政治目的。安东尼需要得到埃及在财政上的支援，而克丽奥佩特拉七世是为了加强和扩大自己的统治权力。安东尼的所作所为，特别是他与克丽奥佩特拉七世的关系，激起了罗马人的恼怒，丧失了国内的有力支持。公元前31年，安东尼和屋大维大军会战于阿克提乌姆海角。正值安东尼舰队受挫之时，克丽奥佩特拉七世乘坐之船突然撤离战场，驶回埃及。安东尼随即追赶而去，抛下战斗部队任其遭受歼灭。公元前30年，屋大维进攻埃及，包围亚历山大里亚。安东尼看到大势已去，伏剑自刎。克丽奥佩特拉七世也陷于绝望，万念俱灰，自杀身亡，据说是被毒蛇咬死的。

历史上，埃及艳后用毒蛇自杀的故事全都来自于希腊传记作家普鲁塔克的叙述。但是，故事的真实性至今还被法理学家和犯罪专家质疑。

疑点一：毒蛇自杀事件。埃及艳后克丽奥佩特拉用毒蛇自杀的叙述，最早见于公元一世纪希腊哲学家普鲁塔克的名人传记中。可问题

是，普鲁塔克是在埃及艳后死去75年后才诞生到人世，他叙述的内容中充满了太多矛盾、错误和不可能的巧合。

疑点二：自杀有悖常理。自杀前，克丽奥佩特拉曾向屋大维送出了一封自杀信。美国明尼苏达州明尼阿波利斯市犯罪研究专家帕特·布朗说："这显然不符合自杀者的性格。一个决心自杀的人绝不会事先向某人先送出一份示警性的遗书，好让他跑来拯救自己。"

疑点三：中毒死得太快。史料记载，克丽奥佩特拉用于自杀的是一条埃及眼镜蛇，在实验数据中，被眼镜蛇咬中最快的死亡也要两小时；尽管医学史也记载着一些中了眼镜蛇毒后20分钟内就死亡的事件，可屋大维的卫兵接获命令冲到埃及艳后住处时，距埃及艳后遣人送信仅相隔几分钟时间，但当卫兵提达现场时，埃及艳后已经香消玉殒了。

疑点四：克丽奥佩特拉的两个女仆之死不合情理。英国牛津大学热带医学和传染病学教授戴维·沃热尔说："这儿有一个误解，并不是毒蛇每次咬人都能释放出毒液。如果三个人一起被毒蛇咬中，那这个概率将更低。"

疑点五：屋大维有嫌疑。众多证据都显示埃及艳后之死十分可疑，她很可能是死于一场精心策划的政治谋杀。历史事实显示，屋大维具有谋杀动机。因为他后来又杀死了克丽奥佩特拉和凯撒的私生子凯撒利昂。而且在埃及从没有女仆陪主人自杀的传统，为什么那两名女仆埃拉斯和查米恩在埃及艳后恐怖自杀后，不立即撞门喊卫兵帮忙，而是选择一起死亡？很有可能就是屋大维除掉了所有目击者。

杨贵妃之死

天宝十五年（公元756年）六月，洛阳失陷，潼关失守。盛唐天子唐玄宗仓皇逃离京师长安，其宠妃杨玉环死于马嵬驿。这引人注目的一幕，不知引起多少文人墨客的咏叹。然而，文人赋咏与史家记述是不完全相同的，对于杨贵妃的最后归宿，至今还留下许多疑团，可谓众说纷纭，莫衷一是。

有人说，杨贵妃可能死于乱军之中。此说主要见于一些唐诗中的描述。至德二年（公元757年），杜甫在安禄山占据的长安作《哀江头》一首，其中有"明眸皓齿今何在，血污游魂归不得"之句，暗示杨贵妃不是被缢死于马嵬驿，因为缢死是不会见血的。李益所作七绝《过马嵬》和七律《过马嵬二首》

中有"托君休洗莲花血"和"太真血染马蹄尽"等诗句，也反映了杨贵妃为乱军所杀，死于兵刃之下的情景。杜牧《华清宫三十韵》的"喧呼马嵬血，零落羽林枪"；张佑《华清宫和社舍人》的"血埋妃子艳"；温庭筠《马嵬驿》的"返魂无验表烟灭，埋血空生碧草愁"等诗句，也都认为杨贵妃血溅马嵬驿，并非被缢而死。

也有人说，杨贵妃可能死于佛堂。《旧唐书·杨贵妃传》记载：禁军将领陈玄礼等杀了杨国忠父子之后，认为"贼本尚在"，请求再杀杨贵妃以免后患。唐玄宗无奈，与贵妃诀别，"遂缢死于佛室"。《资治通鉴·唐纪》记载：唐玄宗是命太监高力士把杨贵妃带到佛堂缢死的。《唐国史补》记载：高力士把杨贵妃缢死于佛堂的梨树下。陈鸿的《长恨歌传》记载：唐玄宗知道杨贵妃难免一死，但不忍见其死，便使人牵之而去，"仓皇辗转，竟死于尺组之下"。乐史的《杨太真外传》记载：唐玄宗与杨

贵妃诀别时，她"乞容礼佛"。高力士遂缢死贵妃于佛堂前的梨树之下。陈寅恪先生在《元白诗笺证稿》一文中指出："所可注意者，乐史谓妃缢死于梨树之下，恐是受香山（白居易）'梨花一枝春带雨'句之影响。果尔，则殊可笑矣。"乐史的说法来自《唐国史补》，而李肇的说法恐怕是受《长恨歌》的影响。

还有人认为，杨贵妃流落于民间。俞平伯先生在《论诗词曲杂著》中对白居易的《长恨歌》和陈鸿的《长恨歌传》作了考证。他认为白居易的《长恨歌》、陈鸿的《长恨歌传》之本意盖另有所长。如果以"长恨"为篇名，写至马嵬驿已足够了，何必还要在后面假设临邛道士和玉妃太真呢？

因此，俞先生认为杨贵妃并非死于马嵬驿。

当时六军哗变，贵妃被劫，钗钿委地，诗中明言唐玄宗"救不得"，所以正史所载的赐死之诏旨，当时决不会有。陈鸿的《长恨歌传》中所言"使人牵之而去"，是说杨贵妃被使者牵去藏匿远地

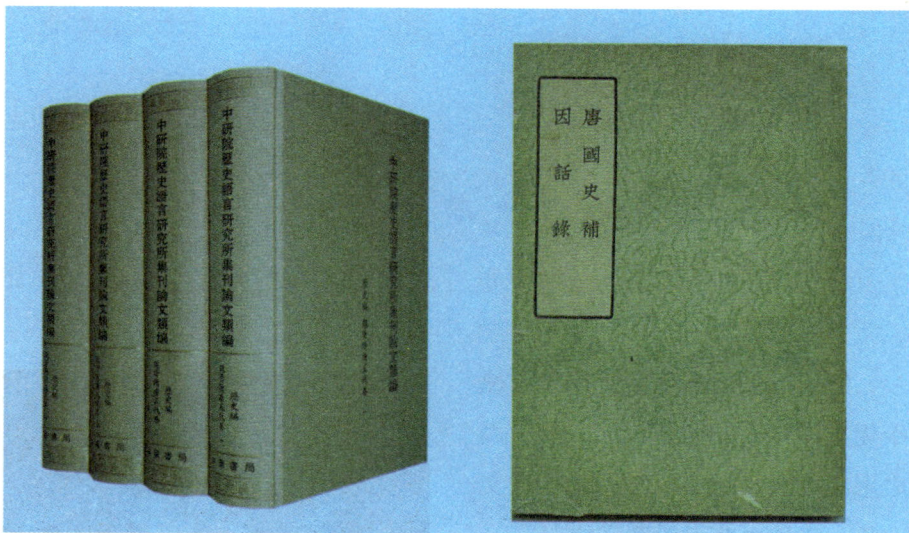

了。白居易《长恨歌》中说唐玄宗回銮后要为杨贵妃改葬，结果是"马嵬坡下泥中土，不见玉颜空死处"，连尸骨都找不到，这就更证实杨贵妃并非死于马嵬驿。值得注意的是，陈鸿作《长恨歌传》时，唯恐后人不明，特点出："世所知者有《玄宗本纪》在。"而"世所不闻"者，今传有《长恨歌》，这分明暗示了杨贵妃并没有死。

关于杨贵妃之死的传说愈来愈生动，当然，离开史实也愈来愈远。其实，杨贵妃在马嵬驿必死无疑。《高力士外传》认为，杨贵妃的死是由于"一时连坐"的缘故。换言之，六军将士憎恨杨国忠，也把杨贵妃牵连进去了。这是高力士的观点。因为《外传》是根据他的口述而编写的，从马嵬驿事变的形势来看，杨贵妃是非死不可的。缢杀之后，尸体由佛堂运至驿站，置于庭院。唐玄宗还召陈玄礼等将士进来验看。杨贵妃确实死在马嵬驿，旧、新《唐书》与《通鉴》等史籍记载明确，唐人笔记杂史如《高力士外传》《唐国史补》《明皇杂录》《安禄山事迹》等也是如此。

建文帝之死

明太祖朱元璋死后，燕王朱棣于建文元年（1399年）以"清君侧之恶"的名义举兵反抗朝廷。建文四年，朱棣由燕王荣登皇位。

就在朱棣攻入南京时，皇宫已是一片大火，建文帝下落不明。此后，有关惠帝已经出逃的传闻颇多，明成祖对此总是不放心，这件事也几乎成为他的一块心病。数百年来，建文帝的下落也成了一桩争议不决的历史悬案。综合各家说法，主要有"焚死"说和"逃亡"说两种。

一种说法认为建文帝是自焚而死的。据永乐年间修撰的《明太祖实录》中记载，燕王朱棣发动"靖难之役"，经过四年的征战，燕王

获得全胜，建文四年（公元1402年）6月13日，燕王统领大军开进南京金川门。当燕王军队进入皇宫时，宫中已是一片火海，建文帝也没了踪影。与此同时，建文帝所使用的玉玺也毫无踪影。正史记载建文帝死于宫中的大火中。《太宗实录》卷九记载："上（即明成祖朱棣）望见宫中烟起，急遣中使往救，至已不及。中使出其尸于火中，还白上，上哭曰：果然，若是痴耶！吾来为扶翼不为善，不意不谅而遽至此乎！……壬申，备礼葬建文君，遣官致祭，辍朝三日。"

仁宗朱高炽御制长陵后碑也说，建文帝殁后，成祖备以天子礼仪殓葬。成祖后来在给朝鲜国王的诏书中说：没想到建文帝在奸臣的威逼下纵火自杀。但是，太监在火后余灰中多次查找，只找到马皇后与太子朱文奎的遗骸，建文帝是活是亡无从得知。燕王为让天下知建文帝已自焚，曾作有祭文，但其坟墓在什么地方，无人可知。明末崇祯帝就曾说过：想给建文帝上坟，却不知在何处。

另一种说法是逃亡说，此种说法认为在南京攻破之时，建文帝曾想自杀，但在其亲信说服下，削发

为僧，从地道逃出了皇宫，隐姓埋名，浪迹江湖。明成祖死后，他又回到京城，死后葬于京郊西山。

朱棣登位后，感到生死未卜的建文帝对他有一种无形的压力，因此多次派心腹大臣到处访问。永乐年间郑和下西洋的陪同官员中，有不少锦衣卫士，就是用于暗中察访建文帝的。明成祖曾向天下寺院颁布《僧道度牒疏》，将所有僧人名册重新整理，对僧人进行了一次全方位的调查。从永乐五年（公元1407年）起，还派人以寻访仙人张邋遢为名到处查找，涉及大江南北，前后共20余年。

民间传言中，在许多地方都有建文帝的踪迹与传说。有的说建文帝先逃到云贵地区，后来又辗转到了南洋一带，直到现在，云南大理仍有人以惠帝（建文帝）为鼻祖。也有现代学者认为，当年建文帝潜逃后，曾藏于江苏吴县鼋山普济寺内，接着隐匿于穹窿山皇驾庵，于永乐二十一年（公元1423年）在此病亡，埋于庵后小山坡上。至于建文帝的下落到底如何，以上两种说法都无法给出令人满意的答案。

郑成功猝死

郑成功是中国历史上家喻户晓的民族英雄，他骁勇善战，令殖民者闻风丧胆。但郑成功却在台湾收复后不久便去世了，年仅38岁。正值壮年，却突然暴病而亡。对于其死因，疑点重重。

关于郑成功的死，同时代人如李光地、林时对、夏琳等人的笔记都很简单，一般是说"伤风寒""感冒风寒"。据说，郑成功的部下唐显悦告发郑成功的儿子郑经与乳母通奸，郑成功顿时气塞胸膛，立刻派人到厦门，欲斩郑经与其所生婴儿及乳母陈氏，但留守厦门的众将不执行命令。郑

成功天天登高眺望澎湖方向有船来否，因而患上风寒。到了第八天，郑成功突然发狂地喊叫道："吾有何面目见先帝于地下也？"继而用两手抓面而逝。所以，《台湾通志》上说郑成功是死于感冒风寒。但一个正值壮年的人怎会轻易地被"风寒"夺去生命？根据郑成功临终前的异常情况和当时郑氏集团内

部斗争的背景，有人认为郑成功是被人投毒杀死的，这一说法目前最引人注目。此说主要的依据有：

第一，郑成功死前的情状与中毒后毒性发作的症状极为相似。夏琳在《闽海纪闻》中记载：郑成功临终前，都督洪秉诚调药以进，郑成功成功将药投之于地，然后"顿足扶膺，大呼而殂"。郑

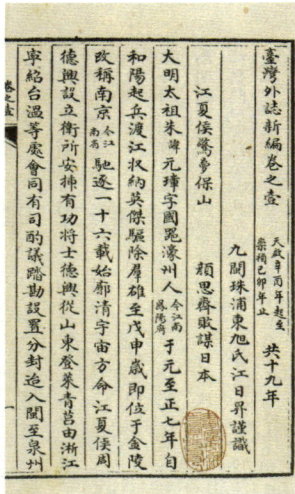

成功大概察觉出有人谋害自己，但为时已晚。

第二，郑氏集团内部暗藏着一些危险因素。生性暴烈的郑成功，用法严峻，郑氏部下包括他的长辈亲族因过被处以极刑者很多，众将人心惶惶，其中很多人在清廷高官厚禄诱惑下叛逃，郑氏集团内部关系极其紧张。伍远贤所编《郑成功传说》一书中记述，清廷曾收买内奸刺杀郑成功。因此，如果说台湾岛上一直有人企图谋害郑成功，极有可能是以清廷作为背景。之前，清政府也的确有谋害郑成功的想法。《台湾外志》记述说，当时清政府派一高级军官，携带一枝孔雀胆混入郑军，用重金买通专为郑成功做饭的厨师，让他乘郑成功与部下开会时毒死郑成功和他的将领。这个厨师虽贪财，但害怕事情暴

露，权衡再三，不敢下手，于是把这件事交给了他弟弟办理。他弟弟到了真正下毒时，"每欲下药，则浑身寒战"，恐怖之余便把这件事告诉了他们的父亲。其父"闻言大惊"，怒斥他们两人说："谋害主人，是不忠；答应了别人而不去做，是没有诚信。宁可没有诚信，也不能不忠心。诛灭九族的事情怎么能做呢？赶紧去自首也许还可能免罪。"于是带他们到郑成功住处自首。郑成功非但没有处罚他们，而且还对他们施以重赏，十分自信地说道："我是天生的，怎么能被凡人毒害？"此后，郑成功加强了保卫措施。这样，即使有人"欲施毒，奈何不得其近（指郑成功）身也"。但这并不能排除郑成功被毒死的可能。

第三，一个重大疑点是马信神秘地死去。马信是清降将，后来成为郑成功的亲信。郑成功去世当天，由他荐一医师投药一帖，夜里郑成功死去，他本人也突然无病而卒。照李光地的说法，马信是在郑成功去世的第二天死去的。但据江日升《台湾外纪》中记载，其死期距郑成功去世仅仅5天。因此马信可能直接参与谋害郑成功的活动，后来被人杀害以灭口。

那么，这起谋杀案的主谋究竟是谁呢？人们把怀疑的目光投到了郑成功兄弟辈的郑泰、郑鸣骏、郑袭等人的身上，特别是郑泰。郑泰长期操纵郑氏集团的东西洋贸易，掌握财政大权，对郑成功早存异

心，对郑成功出兵收复台湾曾极力反对。复台初期的郑氏政权财政面临困境，郑泰却暗地里在日本存银30多万以备他用。等到郑成功去世后，郑泰等人就迫不及待地伪造郑成功的遗命对郑经诛讨，并抬出有野心但无才干的郑袭来承兄续统。最后，他们的阴谋被郑经挫败，郑泰入狱而死，郑鸣骏等率部众携亲眷投清。据此分析，策划谋害郑成功的很可能就是郑泰等人。他们早存夺权之心，还可能和清廷有勾结。他们趁郑成功患感冒的时候开始实施他们的计划。

夏琳和江日升的记载中说，郑成功病情开始并不严重，常常登台观望、看书，有时还饮酒，甚至拒绝服药。他们极可能在酒中下毒，但在这期间，郑成功饮酒较少，因此七八天之后毒性才发作。最后他们又在医生开的凉剂中下毒，郑成功终于被毒死。郑成功死后，郑经先是忙于对付郑泰的叛乱，后发现郑泰在日本银行的巨款，又集中注意力追回这笔款子。他本人曾因犯奸险些被郑成功杀死，对郑成功之死也许心存侥幸，因此郑成功的死因在当时没有被深究。海天茫茫，也许这永远是个解不开的谜了。

雍正帝继位

一代英豪清康熙帝执政六十一年，于康熙六十一年（1722年）驾崩。其后，第四皇子胤禛在激烈的皇位争夺中登上了皇帝的宝座，他就是历史上有名的雍正皇帝。但是，雍正究竟是如何登上皇位宝座的？是按遗诏之言合法登位，还是暗中篡改遗书而继位？至今为止这仍然是一个谜。

据官书中记载，康熙六十一年（1722年）十一月冬至前，胤禛奉命祭祀南郊。当时，康熙患病住在畅春园疗养，但仍然能"静摄"政权，掌控一切。胤禛请求侍奉左右，但康熙以祭天是件大事为由，命他不得离开。到了0十一月十三日，康熙的病情突然恶化，才不得不破例把胤禛召到畅春园来。而

在胤禛未到之前，是七阿哥、十阿

哥、十二阿哥以及理藩院尚书隆科多在御前侍候。这时，康熙向他们宣布说皇四子胤禛人品极好，肯定能够传承大统，继承皇位。此时，

其他皇子都在外候旨，当胤禵来到康熙面前时，康熙告诉他病情的恶化，胤禵听后昏扑于地，痛不欲生。到了夜里戌时，康熙归天，隆科多正式宣布"遗诏"，胤禛继位，即为雍正帝。

从上面官文记载的情况来看，雍正的继位是合乎法理的。对此，清代的官书可以说是众书一词，口径统一。后世有人根据雍正的品格、才干、年龄和气质上的众多特点以及他在皇宫中深藏不露、暗自修炼多年的特征，再加上康熙对雍

正的认识和父子感情基础，当时诸子争储互斗的背景，还有康熙在死之前留下遗诏的在场人物、地点、时间以及情节等综合分析，雍正是根据康熙的"仓促之间一言而定大计"而继承皇位的。

但是，众多的民间传说则认为雍正是篡位夺权。早在雍正帝在位时，社会上就盛传康熙是要将皇位传给皇十四子的，在他患病的最后几天，曾经下旨要十四皇子回到京城，但是隆科多却隐瞒真情，篡改谕旨，在十四皇子还未到之前假传

圣旨，宣布胤禛继位。这就是民间所谓的"矫诏篡旨说"的由来。

另外还有一种说法是，康熙原来就有了手书，要把皇位传给十四阿哥，诏书藏于乾清宫正大光明匾之后。但是诏书遭到了胤禛及其死党的篡改，把传给十四阿哥的"十"改成了"于"字，这就是民间所谓的"盗改遗诏说"的来源。那么究竟是谁盗改的遗诏，又有不同的说法：有的说是雍正本人亲自改的；有的说是康熙把遗诏写在隆科多的掌心，而隆科多将"十"字抹去了；还有人说是雍正所养的死党、武林高手把诏书偷出来之后而精心篡改的。

著名清史学者王钟瀚先生，从对康熙皇帝之死及其四子继位的情况研究，提出了不同的看法。他认为，从康熙皇帝在其六十一年（1722年）八九月份至热河行围，十月回宫的身体状况来看，其身体是相当健康良好的。当时，康熙只是患了感冒，胤禛多次亲自或派人请安，康熙的答复都是"肤体稍愈"，从这个情况来看，他的身体并没有什么大碍，如果没有发生非常的事情，还没有到要"寿终正寝"的时候。然而康熙却在病情并未恶化的情况下突然死去，这其中疑窦重重。从事变的发展迅速来看，很可能是因为胤禛相信了人们吹捧大阿哥可能继位的言论，感到得位无望，于是看准时机，与隆科多等勾结，控制了康熙与外界的联系，害死了康熙，篡改了诏书，篡夺了皇位。从康熙

皇帝驾崩之后，仅由隆科多宣布口授遗诏的情况来看，也是极为让人生疑的。

还有人认为，康熙本来就是要在四皇子和十四皇子两人中选立皇储，而最终确定为四皇子胤禛，十四皇子被任命为抚远大将军，这也说明康熙确实把胤禛作为继位的候选人之一。胤禛在康熙四十八年（1709年）被封为亲王后，在皇子中的地位日益提高，先后二十二次参与祭祀活动，次数比其他的皇子都多。此外，康熙对胤禛的儿子弘历宠爱有加。由此可见，雍正是后来居上。也有人认为，康熙本想让十四子继承皇位，但在他临终前，十四皇子远在边疆，若将他召回再宣布诏书，恐发生皇位纠纷的变化，无奈之下就传于雍正。

总而言之，雍正继位有着种种让人难以理解的疑点。这些问题使一些历史学家耗费了不少的精力和时间，然而直到现在也没

有能够得到很好的解释。可以说，雍正继位是否合法至今仍然是个谜。这不仅是因为雍正在继位上有很多令人费解的问题，而且在他继位后不久，也有很多令人难解的言行，尤其是大肆诛戮贬斥功臣、兄弟、文人等，这些连在一起，更是令人感到十分扑朔迷离。